リック式「右脳」メソッド

ヤバいくらい覚えられる

上級 必修英単語

1500
リック西尾

リーディング

1回読み通したらワンチェック。

1	2 40回に挑戦!!	3	4
9	10	11	12
17	18	19	20
25	26	27	28
33	34	35	36

チェック チャート
さあ40回のリーディングに挑戦!!

5	6	7	8
13	14	15	16
21	22	23	24
29	30	31	32
37	38	39	40

ゴールおめでとう!!

リック式メソッドの原理

英語ができない三大原因

ヒアリングができないため

　私たちが英語を耳にするとき、「何を言っているのか、さっぱりわからない」という現実に直面します。言葉を聞き取れずして、英語を習得するのは不可能です。にもかかわらず、私たちは、今までの英語学習でヒアリングの訓練をおろそかにしてきました。ですから、**私たちの脳には、英語の音声と言葉を認識する神経回路が形成されていないのです。**

英語を日本語に翻訳して理解するため

私たちは英語を理解するのに、一度日本語に翻訳してから理解します。だれもこのことを疑おうとはしません。しかし実は、このことこそが、日本人を英語のできない民族にしてしまった最大の原因なのです。日本語は日本語で考え理解するように、英語は英語で考え理解する。これが正しい方法なのです。今まで私たちは、英語の学習過程で、とにかく英語を日本語に翻訳し理解することに力を入れてきました。そのことが、**私たちの脳に、英語に対する複雑な神経回路を形成してしまったのです。**

右脳を活用しないため

私たちが英単語を記憶するとき、大変な困難と苦痛が伴います。そのことで、英語の習得に挫折した人も少なくありません。私たちは、疑問を持つことなく英単語の暗記に努力してきましたが、ここにも重大な欠陥があります。実は、**私たちは、ほとんど右脳を活用せず、非合理的な方法で記憶をしてきたのです。**

右脳を活用しない従来の記憶法

右脳と左脳のはたらき

　まず、右脳と左脳のはたらきについて考えてみます。大脳は右脳と左脳の二つに分かれており、それが脳梁（のうりょう）によって結ばれ、情報が伝達される仕組みになっています。右脳は「イメージ脳」、左脳は「言語脳」といわれ、両方の脳がお互いに役割を分担し、協力しながら脳の機能をつかさどっています。

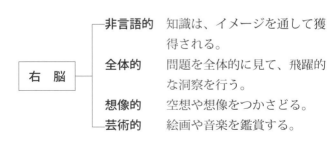

右　脳	非言語的	知識は、イメージを通して獲得される。
	全体的	問題を全体的に見て、飛躍的な洞察を行う。
	想像的	空想や想像をつかさどる。
	芸術的	絵画や音楽を鑑賞する。

左脳 —	言語的	読んだり、書いたり、話したりする能力をつかさどる。
	分析的	理性的、分析的な側面がある。
	直線的	情報は一つずつ順番に処理される。
	数学的	数字や記号は左脳で理解される。

言葉の性質について

次に、言葉の性質について考えてみます。言葉は基本的に二つの要素から成り立っています。一つは文字情報（表音・表記）の部分、もう一つはイメージ情報の部分で、この二つは表裏一体の関係にあります。具体的に「ハサミ」という言葉を例にとって図式化すると以下のようになります。

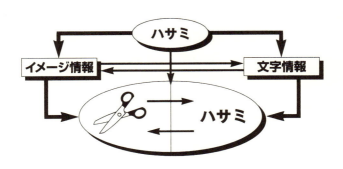

言葉と脳の関係

では、言葉と脳のかかわりはどのようになるのでしょうか。下記の図式のように、イメージ情報は右脳に、文字情報は左脳に分けられて、それぞれの脳に記憶されます。

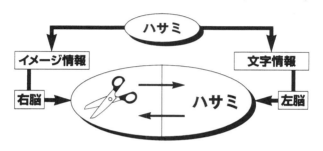

右脳のはたらきを疎外したテスト

ではここで、右脳を使わない記憶がいかに大変であるかを知るためのテストをしてみたいと思います。
右脳のはたらきを抑えることは、イメージの伴わない言葉を覚えることによって体験できます。イメージの伴わない言葉として、無意味な言葉があげられます。次の文章を記憶してみてください。

● 無意味な言葉

> すましうろくもてと はとこるすくおき をごんたいえ

いかがですか。イメージの伴わない左脳だけの記憶が、いかに大変かということがおわかりいただけたと思います。
ちなみに、上記の言葉にイメージが加わると、記憶力は一気に飛躍します。
ひらがなを逆から読むと、

えいたんごを　きおくすることは　とてもくろうします

となります。

従来の英単語の記憶法

それでは、私たちの従来の英単語の記憶法は、どうして右脳のはたらきを疎外してきたのでしょうか。それを分析してみますと、以下のようになります。

1　「scissors」という英単語の文字を認識

2　対訳の「ハサミ」という日本語と照合

3　scissors・ハサミ　　scissors・ハサミ
　　scissors・ハサミ　　scissors・ハサミ
　　scissors・ハサミ　　scissors・ハサミ

4 「scissors」=「ハサミ」が脳に定着するまで記憶の作業を反復する

これを図式化すると次のようになります。

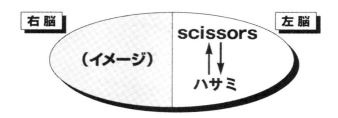

図式を見ていただくと、よくわかります。**これだと左脳内において表音表記の文字だけで記憶の作業が反復され、イメージが出力されていません。**つまり、右脳のはたらきがフリーズ状態のまま、記憶の作業が繰り返されていることになります。左脳だけの記憶がいかに大変かは、先ほどのテストで実験済みです。したがって、このような方法で記憶することは、非常に困難がつきまとい、また成果も上がりません。

では、どうすればよいのでしょうか。

リック式メソッドによる記憶法

まずは、図式を見てください。

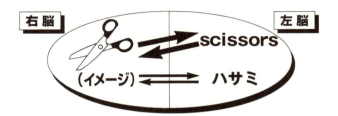

すでに私たちは、膨大な数の日本語を記憶しています。それはすなわち、その数の**概念化されたイメージを、右脳に記憶している**ことを意味します。そのイメージを右脳から出力して、英単語の文字と合わせるのです。

それを実現するためには、どうすればよいのか。次の文章をお読みください。

ジョキジョキと scissors で紙を切る

この文章を読むと、前後の文章からscissorsが何であるかイメージできます。つまり、

短い文章を通し右脳からハサミのイメージが出力されるのです。そのイメージとscissorsを結合するのです。右脳におけるイメージを活用すると、記憶力が飛躍的に増すということは、先ほどのテストで実験済みです。

理解を深めるために、もう少し例文をお読みください。

● 例文 （本文より）

> 金属が熱でfuseする
> 目をゴシゴシとrubする
> 髪の毛を黒くdyeする
> 銀行にお金をdepositする
> 亡くなった親の財産をinheritする

いかがですか？　例文を読むと、英単語のイメージが浮かんできませんか。右脳に眠っているイメージが、呼び起こされたのではないでしょうか。

また、この方法だと、scissors をハサミと理解しなくても、scissors をそのまま英語

で理解することが可能になります。英語を日本語に翻訳して理解するという私たちの悪い習慣から脱皮することができます。

ちなみに、英語をそのまま理解することを、実は、私たち日本人は無意識に行ってきました。次の表をご覧ください。

エラー	オリジナル	サービス	システム
ゲート	ジェラシー	カップル	アピール
ストア	カンパニー	キャリア	サンプル
ゲーム	エンジョイ	ショート	ウエート
スペア	エッセンス	ショック	スポット

これらは外来語ですが、いちいち日本語の対訳と合わせながら覚えたわけではありません。エラーをエラーとして、オリジナルをオリジナルとして、初めから自然に覚えたものばかりです。

本書の利用法

まず英単語の発音を習得していただくために、音声データを用意しています。まずはそれをPCやスマホにダウンロードしてください。

※ダウンロードは16頁及び表紙の袖に記載された方法に従って行ってください。

音声は各ページの見出しと英単語のみが録音されています。とてもシンプルです。日本語の対訳はついていません。それをすると従来型の左脳を使った記憶法になるからです。

まずは英単語を何度も聴いて、英単語の発音を耳から覚えてください。口に出して発音すればより効果的です。

後はその意味が分かれば、英単語の記憶は完成です。しかも英単語を日本語に還元しないで意味を覚えたことになります。

続いて英語の意味の記憶は本書を読んでおこないます。

本書は、**文章を読みながら英単語のイメージが浮かぶように工夫してつくられていま**

す。イメージを優先しているため、多少の不自然な文章はお許しください。
左ページの文章を読みながら英語の意味をイメージで捉えるようにして、右ページの対訳は、あくまで確認程度にとどめてください。
最初は日本語の意味を確認する必要がありますが、慣れてきたら左ページだけを読みながら英語の意味を右脳で覚えていきます。
ただ、ピアノやゴルフの習得を考えてみればおわかりいただけると思いますが、何をするにも反復作業は必要な条件です。2～3回の反復でマスターを望むこと自体、非科学的なことです。英単語の記憶においても同じことが言えます。
この本は、1ページごとの読み切りにし、無駄な文章をいっさい省き、テンポよくリズミカルに読み進められるように工夫がこらされています。

<u>チェックチャートが本書の巻頭に用意されていますので、できれば40回を目安に、そこに記入しながら読み返してください。</u>
慣れてくれば1時間で1冊読み通すことができ、早い人で40日足らずで、英単語

1500をマスターすることが可能です。
過去、受験で苦労された皆様が、この本を通して英単語習得が非常に容易であることを実感されるに違いありません。

リック西尾

```
すべての英単語の音声入り
   無料音声
  （1〜4倍速対応）
  ダウンロード
  スマホでも聴けます！
```

本書の慣用句の音声は、パソコン・スマホ・タブレット端末のいずれでも無料でご利用いただけます。ダウンロードの詳細は、下記をご参照ください。

http://kklong.co.jp/joukyu

下のQRコードからもアクセスできます。

■2倍速、3倍速、4倍速でチャレンジしてみよう!

　最初は通常のスピードで英文を聞き、声に出して下さい。少し慣れてきたら2倍速でチャレンジして下さい。それにも慣れてきたら3倍速に、さらに4倍速にまでチャレンジして下さい。

　やっているうちに左脳の自意識が薄れ、情報が右脳に定着しやすくなります。右脳に定着した英語の情報が左脳につながれば、いつでも理解し表現ができるようになります。そして自然に英語が口から出てくるようになります。

　このチャレンジの過程で、日本語という振動数の低い言語に慣れ切っていた聴覚が鋭くなってくるのが分かります。聴覚が敏感になることによって、振動数の高い英文を聞き取る力が高まります。

　試しに、高速に慣れてきたら、少しスピードを下げてみてください。以前は聞きにくかった英文がハッキリ聞こえ、いつの間にか右脳に定着しているのが実感できるはずです。

〈指導・制作〉
一般社団法人エジソン・アインシュタインスクール協会
　　　　　　　　　　　　　　　　代表 鈴木昭平

CONTENTS

リーディングチェックチャート ……………………… 2
リック式メソッドの原理 ……………………………… 4

動詞英単語406
- ❶ 自然界 ……………………………………………… 24
- ❷ 物質 ………………………………………………… 26
- ❸ 子供 ………………………………………………… 28
- ❹ 主婦 ………………………………………………… 30
- ❺ 生活 ………………………………………………… 32
- ❻ 家族 ………………………………………………… 34
- ❼ 結婚 ………………………………………………… 36
- ❽ 職業① ……………………………………………… 38
- ❾ 職業② ……………………………………………… 40
- ❿ 人…話す …………………………………………… 42
- ⓫ 人…犯罪 …………………………………………… 44
- ⓬ マスコミ …………………………………………… 46
- ⓭ 取り調べ …………………………………………… 48
- ⓮ 内面 ………………………………………………… 50
- ⓯ させる ……………………………………………… 52
- ⓰ 会社員 ……………………………………………… 54
- ⓱ 上司 ………………………………………………… 56
- ⓲ 社長 ………………………………………………… 58
- ⓳ 会社 ………………………………………………… 60
- ⓴ 企業 ………………………………………………… 62
- ㉑ ビジネス …………………………………………… 64
- ㉒ 会議 ………………………………………………… 66
- ㉓ マネー ……………………………………………… 68

- ㉔景気 ……… 70
- ㉕研究所 ……… 72
- ㉖犯罪者 ……… 74
- ㉗裁判 ……… 76
- ㉘戦争 ……… 78
- ㉙政府 ……… 80

名詞英単語784
- ㉚自然 ……… 84
- ㉛物質 ……… 86
- ㉜科学 ……… 88
- ㉝公害 ……… 90
- ㉞災害 ……… 92
- ㉟場所 ……… 94
- ㊱海外旅行 ……… 96
- ㊲料理 ……… 98
- ㊳家族 ……… 100
- ㊴常備薬 ……… 102
- ㊵病気 ……… 104
- ㊶伝染病 ……… 106
- ㊷病院 ……… 108
- ㊸出産 ……… 110
- ㊹専門医 ……… 112
- ㊺死 ……… 114
- ㊻大学 ……… 116
- ㊼学生生活 ……… 118
- ㊽図書館 ……… 120
- ㊾学問 ……… 122
- ㊿キリスト教 ……… 124
- ❺❶新聞 ……… 126

(52)メディア ……… 128
(53)職業 ……… 130
(54)人の位置① ……… 132
(55)人の位置② ……… 134
(56)聖職者 ……… 136
(57)人…犯罪 ……… 138
(58)人…裁判 ……… 140
(59)人…内面 ……… 142
(60)人…心 ……… 144
(61)人…言葉 ……… 146
(62)人…性質 ……… 148
(63)抽象 ……… 150
(64)事務 ……… 152
(65)生産 ……… 154
(66)小売り ……… 156
(67)企業 ……… 158
(68)社員 ……… 160
(69)労働 ……… 162
(70)経営 ……… 164
(71)利益 ……… 166
(72)株式 ……… 168
(73)経済 ……… 170
(74)金融 ……… 172
(75)貿易 ……… 174
(76)犯罪のいろいろ ……… 176
(77)被害者 ……… 178
(78)警察 ……… 180
(79)裁判 ……… 182
(80)暴動 ……… 184

- ❽❶戦闘 ……………………………… 186
- ❽❷軍部の反乱 …………………… 188
- ❽❸選挙 ……………………………… 190
- ❽❹社会 ……………………………… 192
- ❽❺政治 ……………………………… 194

形容詞英単語322
- ❽❻物 ………………………………… 198
- ❽❼商品 ……………………………… 200
- ❽❽日常生活 ………………………… 202
- ❽❾部屋 ……………………………… 204
- ❾⓿発光する物体 …………………… 206
- ❾❶体 ………………………………… 208
- ❾❷病気 ……………………………… 210
- ❾❸人 ………………………………… 212
- ❾❹職業 ……………………………… 214
- ❾❺魅力的な女性 …………………… 216
- ❾❻お見合い ………………………… 218
- ❾❼人間関係 ………………………… 220
- ❾❽やり手のビジネスマン ………… 222
- ❾❾嫌な上司 ………………………… 224
- ❿⓿社長の条件 ……………………… 226
- ❿❶仕事 ……………………………… 228
- ❿❷会社 ……………………………… 230
- ❿❸ビジネス ………………………… 232
- ❿❹経済 ……………………………… 234
- ❿❺ある街 …………………………… 236
- ❿❻犯罪 ……………………………… 238
- ❿❼捜査 ……………………………… 240
- ❿❽政治 ……………………………… 242

動詞英単語
406

自然界

地球は太陽のまわりを **revolve** する
（リヴァルヴ）

地球は自ら **rotate** する
（ロウテイト）

活火山が激しく **erupt** する
（イラプト）

海水が上空に **evaporate** する
（イヴァポレイト）

雨は大気を **purify** する
（ピュ(ア)リファイ）

露は水蒸気が **condense** する
（コンデンス）

鉱石がまばゆく **glitter** する
（グリタァ）

水面が太陽を反射し **glisten** する
（グリスン）

大地に植物の芽が **sprout** する
（スプラウト）

果実が甘く **ripen** する
（ライプン）

花が力なく **wither** する
（ウィザァ）

肉体が土の中で **rot** する
（ラット）

蛇は地中で **hibernate** する
（ハイバネイト）

宇宙の生命体は徐々に **evolve** する
（イヴァルヴ）

1

☐ **revolve** [riválv]	公転する	回転する 回転させる
☐ **rotate** [róuteit]	自転する	回転する 循環する
☐ **erupt** [irʌ́pt]	噴火する	噴火する 爆発する(感情が)
☐ **evaporate** [ivǽpərèit]	蒸発する	蒸発させる 消失する(希望などが)
☐ **purify** [pjú(ə)rəfài]	浄化する	清める
☐ **condense** [kəndéns]	凝縮する	濃縮する(液体を) 要約する
☐ **glitter** [glítər]	ぴかぴか光る (金属などが)	きらきら輝く 图きらめき
☐ **glisten** [glísn]	きらきら光る (濡れたものが)	きらめく
☐ **sprout** [spráut]	芽が出る	発芽する 图芽
☐ **ripen** [ráip(ə)n]	熟する	熟させる 円熟する(人・心が)
☐ **wither** [wíðər]	しおれる	しぼむ 弱まる(愛情などが)
☐ **rot** [rɑt]	腐る	腐敗する(道徳的に) 堕落させる
☐ **hibernate** [háibərnèit]	冬眠する	
☐ **evolve** [iválv]	進化する	展開させる 発展させる

物質

金属が熱で **fuse** する

液体が管を **circulate** する

お湯が鍋から **overflow** する

鉄の玉が家の壁を **smash** する

ダイナマイトが激しく **explode** する

空飛ぶ円盤が水面を **skim** する

チューインガムが服に **adhere** する

風船が徐々に **deflate** する

インクがシャツに染みを **blot** する

弾丸が鉄板を **penetrate** する

レンズはものを **magnify** する

ポンプは空気を **compress** する

魔法ビンはお湯の温度を **retain** する

衛星は電波を **relay** する

2

☐ **fuse** [fju:z]	溶ける	ヒューズが飛ぶ 名導火線
☐ **circulate** [sə́:rkjulèit]	循環する(血液などが)	流通する 読まれる(新聞・雑誌などが)
☐ **overflow** [òuvərflóu]	あふれ出る	氾濫する(川などが) いっぱいになる
☐ **smash** [smæʃ]	打ち砕く	粉々に壊れる 撃破する
☐ **explode** [iksplóud]	爆発する	爆発させる 爆発させる(感情などを)
☐ **skim** [skim]	すれすれに飛ぶ(水面などを)	すくいとる(クリームなどを) 飛ばし読みする
☐ **adhere** [ədhíər]	付着する	固く守る 固執する
☐ **deflate** [difléit]	しぼむ	空気を抜く 収縮させる(通貨を)
☐ **blot** [blɑt]	染みをつける	汚す(名誉などを) 名染み
☐ **penetrate** [pénətrèit]	貫通する	染み込む 浸透する
☐ **magnify** [mǽgnəfài]	拡大する(レンズなどで)	誇張する
☐ **compress** [kəmprés]	圧縮する	圧搾する 要約する(思想などを)
☐ **retain** [ritéin]	保つ	保有する 雇う
☐ **relay** [rí:lei]	中継する	名交替

子供

子供は寝起きが悪く **linger**(リンガァ) する

カバンをズルズルと **trail**(トゥレイル) する

遅刻で先生に叱られて肩を **shrug**(シラッグ) する

高い椅子に座り両足を **dangle**(ダングル) する

眠くなってうつらうつら **slumber**(スランバァ) する

目をゴシゴシと **rub**(ラブ) する

コップを倒しミルクを **spill**(スピル) する

食べ物を口からゲーッと **vomit**(ヴァミト) する

上着を泥でベトベトに **stain**(ステイン) する

広い道を小走りで **traverse**(トゥラヴァ(〜)ス) する

ズボンのすそを **tuck**(タック)(**up**) する

冷たい小川を裸足で **wade**(ウェイド) する

濡れたタオルを **wring**(リング) する

口をゆすぎガラガラと **gargle**(ガーグル) する

3

linger [líŋgər]	ぐずぐずする	なかなか立ち去らない
trail [treil]	引きずる	跡を追う 名 跡
shrug [ʃrʌg]	すくめる(肩を)	
dangle [dæŋgl]	ぶらぶらする(足を)	ぶらりと垂れる ぶらさげる
slumber [slʌ́mbər]	まどろむ	うつらうつらする 名 まどろみ
rub [rʌb]	こする	摩擦する 磨く
spill [spil]	こぼす	こぼれる 漏らす(秘密などを)
vomit [vámit]	吐く	もどす(食べ物などを) 名 へど
stain [stein]	汚す	傷つける(評判などを) 名 汚れ
traverse [trǽvə(ː)rs]	横切る	横切っている (橋・道などが)
tuck [tʌk]	まくる	まくりあげる
wade [weid]	歩いて渡る (川などを)	骨を折って歩く
wring [riŋ]	しぼる	
gargle [gáːrgl]	うがいをする	名 うがい 名 うがい薬

主婦

革靴をブラシで **polish** する

髪の毛を黒く **dye** する

髪を分けて **braid** する

顔を白く **powder** する

荷物のひもを **undo** する

物干しのひもを **strain** する

トイレを消毒液で **disinfect** する

子供の服にワッペンを **stitch** する

女性誌をペラペラと **scan** する

魚を焼きすぎて黒く **scorch** する

あずきを鍋で **simmer** する

調味料でおかずに **season** する

大根をおろし器で **grate** する

料理にグリンピースを **garnish** する

4

☐ **polish** [páliʃ]	磨く		つやを出す 名つや出し
☐ **dye** [dai]	染める		着色する
☐ **braid** [breid]	編む(髪・ひもなどを)		名編んだ髪
☐ **powder** [páudər]	おしろいをつける		粉にする 名粉
☐ **undo** [ʌndúː]	ほどく		もとに戻す はずす(ボタンなどを)
☐ **strain** [strein]	ぴんと張る		極度に使う 名緊張
☐ **disinfect** [disinfékt]	消毒する		
☐ **stitch** [stitʃ]	縫う		縫いつける
☐ **scan** [skæn]	ざっと見る(本・記事などを)		よく調べる じっと見る
☐ **scorch** [skɔ́ːrtʃ]	焦がす		焦げる 疾走する(車などが)
☐ **simmer** [símər]	ぐつぐつ煮る		爆発寸前になる(感情が)
☐ **season** [síːzn]	味つけする		名季節 名時期
☐ **grate** [greit]	すりおろす		きしむ 触る(神経などに)
☐ **garnish** [gáːrniʃ]	添える		名料理の添え物

生活

オーダーした本棚を **assemble**(アセンブル) する

ボルトをきつく **tighten**(タイトゥン) する

月刊誌を一年間 **subscribe**(サブスクライブ) する

バーゲンで早朝から並んで **queue**(キュー) する

お店をぶらぶらと **browse**(ブラウズ) する

傘を電車の中に **misplace**(ミスプレイス) する

リサイクルで資源を **conserve**(コンサ〜ヴ) する

銀行にお金を **deposit**(ディパズィト) する

日本円をドルに **exchange**(イクスチェインヂ) する

大学生の息子に学費を **remit**(リミット) する

マンションの購入に住宅ローンを **utilize**(ユーティライズ) する

妻はパートで家計を **sustain**(サスティン) する

夫は夜に家庭教師の **moonlight**(ムーンライト) する

ようやく住宅ローンを全額 **repay**(リペイ) する

5

☐ **assemble** [əsémbl]	組み立てる	集める 集合させる
☐ **tighten** [táitn]	締める	きつくする 引き締める
☐ **subscribe** [səbskráib]	予約(購読)する	
☐ **queue** [kju:]	列をつくる (順番を待って)	名 列
☐ **browse** [brauz]	品物をのぞく	ひやかす 本を拾い読みする
☐ **misplace** [mispléis]	置き忘れる	置き場所を誤る 誤って与える(愛情などを)
☐ **conserve** [kənsə́:rv]	節約する(資源などを)	保存する ジャムにする
☐ **deposit** [dipázit]	預金する	預ける 名 預金
☐ **exchange** [ikstʃéindʒ]	両替する	交換する 名 交換
☐ **remit** [rimít]	送金する	やわらげる(苦痛を) 許す(神が罪を)
☐ **utilize** [jú:təlàiz]	利用する(文語的)	
☐ **sustain** [səstéin]	支える	維持する(生命を) こうむる(損害などを)
☐ **moonlight** [mú:nlàit]	アルバイトをする (本業を持つ人が)	名 月光
☐ **repay** [ripéi]	返済する	返金する 返す

33

家族

親は子供を立派に **rear** する

親は子供を厳しく **nurture** する

親は子供に習いごとを **familiarize** させる

親は子供を危険から **shield** する

夫婦は孤児を引き取り **foster** する

パパは家族を **nourish** する

パパは娘のアルバイトをしぶしぶ **concede** する

パパは娘の異性との交際に **intervene** する

ママは一人息子をべたべたに **indulge** する

ママは息子の受験に **accompany** する

ママは不良とつき合う息子に **frown** する

子供は家庭で人格を **mold** する

息子は大学受験に **flunk** する

娘は母の容姿に **resemble** する

6

☐ **rear** [riər]	養育する	育てる
☐ **nurture** [nə́ːrtʃər]	教育する（文語的）	養育する 图養育
☐ **familiarize** [fəmíljəràiz]	習熟させる	
☐ **shield** [ʃiːld]	保護する	图盾
☐ **foster** [fɔ́(ː)stər]	養育する （実子ではない子を）	
☐ **nourish** [nə́ːriʃ]	養う	養育する 栄養を与える
☐ **concede** [kənsíːd]	認める（譲歩して）	与える（権利として）
☐ **intervene** [ìntərvíːn]	邪魔に入る	干渉する 仲裁をする
☐ **indulge** [indʌ́ldʒ]	甘やかす	ふける
☐ **accompany** [əkʌ́mp(ə)ni]	同行する	伴奏をする
☐ **frown** [fraun]	眉をひそめる	图しかめっ面
☐ **mold** [mould]	形成する（性格などを）	つくる（型に入れて） 图型
☐ **flunk** [flʌŋk]	落第する	
☐ **resemble** [rizémbl]	似る	似ている

結婚

赤い糸が男女を **conduct** する

美しい女性は男性を **charm** する

たくましい男性は女性を **fascinate** する

男女はお互いの心を **follow** する

お互いの人格を **honor** する

引かれ合った二人は心から **adore** する

愛は女性を **beautify** する

二人は手をつなぎ公園の歩道を **tread** する

木陰で抱擁し **smooch** する

男性は結婚の意志を女性に **impart** する

結婚の申し出は女性を **delight** させる

女性はうなずき結婚の同意を **signify** する

結婚の日取りを **schedule** する

女性は彼に自分の生涯を **dedicate** する

7

☐ **conduct** [kəndʌ́kt]	導く	ふるまう 名行い
☐ **charm** [tʃɑːrm]	魅了する	魔法にかける 名魅力
☐ **fascinate** [fǽs(ə)nèit]	魅了する	うっとりさせる
☐ **follow** [fálou]	理解する	ついていく 従う
☐ **honor** [ánər]	尊敬する	名名誉 名尊敬
☐ **adore** [ədɔ́ːr]	熱愛する	崇拝する(神を) 大好きである(口語的)
☐ **beautify** [bjúːtəfài]	美しくする	飾る
☐ **tread** [tred]	歩く	通る
☐ **smooch** [smuːtʃ]	キスをする(抱き合って)	
☐ **impart** [impɑ́ːrt]	告げる(文語的)	分け与える 知らせる
☐ **delight** [diláit]	喜ばせる	嬉しがらせる
☐ **signify** [sígnəfài]	示す(動作・言葉などで)	表す
☐ **schedule** [skédʒuːl]	予定する	名予定 名時刻表
☐ **dedicate** [dédəkèit]	捧げる	奉納する

職業①

農民は荒れた土地を **cultivate**(カルティヴェイト) する

農夫は農作物を **reap**(リープ) する

船長は船に **embark**(エンバーク) する

レスキュー隊は遭難者を **salvage**(サルヴェヂ) する

占い師は未来の日本を **predict**(プリディクト) する

廃品回収業者は新聞の束を **heave**(ヒーヴ) する

解体業者は古い家屋を **wreck**(レック) する

郵便局員は郵便物を新住所に **forward**(フォーワド) する

接待係は劇場の席に客を **usher**(アシァ) する

秘書は飛行機の予約を **reconfirm**(リーコンファ~ム) する

プログラマーはデータを **feed**(フィード) する

カーディーラーは車の性能を **warrant**(ウォ(ー)ラント) する

予備校講師はいくつかの例を **cite**(サイト) する

調理師は学校給食の栄養価を **enrich**(エンリッチ) する

8

□ **cultivate** [kʌ́ltəvèit]	耕す(土地を)	栽培する(作物を) 磨く(品性などを)
□ **reap** [ri:p]	収穫する	刈り入れる 報いを受ける
□ **embark** [imbá:rk]	乗船する	人を船に乗せる 荷を積み込む(船・飛行機に)
□ **salvage** [sǽlvidʒ]	救助する (海難・火災などから)	名救助 名救出
□ **predict** [pridíkt]	予言する	
□ **heave** [hi:v]	放り投げる (重いものを)	持ち上げる 上げる(重いものを)
□ **wreck** [rek]	破壊する	名難破 名破壊
□ **forward** [fɔ́:rwərd]	転送する	副前へ 形前方の
□ **usher** [ʌ́ʃər]	案内する(文語的)	先導する 名案内係
□ **reconfirm** [rì:kənfə́:rm]	再確認する (予約などを)	
□ **feed** [fi:d]	入力する	餌を与える 食べ物を与える
□ **warrant** [wɔ́(:)rənt]	保証する	是認する 名正当な理由
□ **cite** [sait]	挙げる(例を)	引用する
□ **enrich** [inrítʃ]	栄養価を高める	富ませる

職業②

看護士は夜間勤務を **alternate** する
オールタネト

セラピストは患者の苦痛を **alleviate** する
アリーヴィエイト

内科医は患者に薬を **prescribe** する
プリスクライブ

薬剤師はいろいろな薬を **dispense** する
ディスペンス

外科医は他人の臓器を **transplant** する
トゥランスプラント

ドクターは伝染病患者を別棟に **insulate** する
インス(ュ)レイト

考古学者は難解な文字を **interpret** する
インター〜プリト

言語学者は言葉の意味を **define** する
ディファイン

科学者は新しい資源を **exploit** する
エクスプロイト

官僚は出身校で部下の待遇を **discriminate** する
ディスクリミネイト

国会議員は古い法律を **revise** する
リヴァイズ

外務省高官は他国との交渉をだらだらと **stall** する
ストール

大統領は部下に特別な権利を **entitle** する
エンタイトゥル

国王は造反者を国外に **expel** する
イクスペル

9

alternate [ɔ́ltərnèit]	交替する	形 交互の
alleviate [əlíːvièit]	緩和する (苦痛・緊張などを)	
prescribe [priskráib]	処方する	
dispense [dispéns]	調剤する	分配する 分け与える
transplant [trænsplǽnt]	移植する (臓器などを)	移植する (木を)
insulate [íns(j)ulèit]	隔離する	絶縁する
interpret [intə́ːrprit]	解釈する	通訳する 説明する
define [difáin]	定義する	限定する
exploit [éksplɔit]	開発する (資源などを)	名 偉業
discriminate [diskrímənèit]	差別する	区別する
revise [riváiz]	改正する	改訂する (本などを)
stall [stɔːl]	引き延ばす	エンストを起こさせる 失速させる
entitle [intáitl]	権利を与える	という表題をつける
expel [ikspél]	追放する	追い出す

41

人…話す

少女は恐怖で「キャー！」と **shriek** する

学生はゲーテの詩をそらで **recite** する

高校生はタバコを仲間に **abet** する

主婦は買い物で値段を **haggle** する

友達は「金は必ず返す」と **vow** する

夫は「浮気はしてない」と **pledge** する

牧師は教会で感動的に **preach** する

詐欺師は主婦をたくみに **cheat** する

嘘つきはみんなを見事に **deceive** する

評論家は映画の内容を **criticize** する

聴衆は見事な演技に **admire** する

住民は市長に援助を **petition** する

議員は住民に選挙での一票を **solicit** する

大統領はCIAの長官を **designate** する

10

□ **shriek** [ʃriːk]	悲鳴をあげる	金切り声をあげる 名悲鳴
□ **recite** [riːsáit]	暗唱する	
□ **abet** [əbét]	そそのかす	
□ **haggle** [hǽgl]	値切る	言い争う
□ **vow** [vau]	誓う	誓約させる 名誓約
□ **pledge** [pledʒ]	誓う	
□ **preach** [priːtʃ]	説教する	
□ **cheat** [tʃiːt]	だます（利益を得るために）	カンニングをする
□ **deceive** [disíːv]	だます（嘘を信じ込ませる）	
□ **criticize** [krítəsàiz]	批評する	
□ **admire** [ədmáiər]	感嘆する	感心する
□ **petition** [pətíʃən]	請願する	名嘆願書 名陳情書
□ **solicit** [səlísit]	懇願する（金・援助など）	客を引く（売春婦が）
□ **designate** [dézignèit]	任命する	示す 明示する

人…犯罪

巡査は運転手に交通法規を **enforce** する

暴走族は警官に石を **hurl** する

チンピラは飲み屋の店主を **bluff** する

刑事は犯人が誰かを **infer** する

刑事は犯人を **pursue** する

刑事は犯人を現場で **nab** する

探偵は犯行の状況を **speculate** する

スパイは女性秘書から情報を **extract** する

暗殺者はライフルで標的を **pinpoint** する

海上警備員は密入国を **check** する

容疑者は自分の身の潔白を **vindicate** する

反対活動家は立ち入り禁止区域に **trespass** する

過激派グループは反対運動で暴力に **resort** する

革命グループは政府転覆を **maneuver** する

11

☐ **enforce** [infɔ́ːrs]	守らせる（法律などを）	施行する / 強いる
☐ **hurl** [həːrl]	投げつける	強く投げる
☐ **bluff** [blʌf]	虚勢でおどす	はったりをかます / はったりでだます
☐ **infer** [infɔ́ːr]	推定する	推測する / 推論する
☐ **pursue** [pərs(j)úː]	追跡する	追いかける / 追い求める
☐ **nab** [næb]	取り押さえる	逮捕する / ひったくる
☐ **speculate** [spékjulèit]	推測する	いろいろ思索する / 投機する
☐ **extract** [ikstrǽkt]	引き出す（無理に）	抜き取る / 奪い取る
☐ **pinpoint** [pínpɔ̀int]	正確に狙う	名 ピンの先
☐ **check** [tʃek]	阻止する	一時預けにする / 名 小切手
☐ **vindicate** [víndəkèit]	潔白を立証する	正しさを立証する
☐ **trespass** [tréspəs]	不法に侵入する（他人の土地に）	
☐ **resort** [rizɔ́ːrt]	訴える（ある手段に）	頼る / 名 行楽地
☐ **maneuver** [mənúːvər]	画策する	名 策略 / 名 工作

マスコミ

ニュースキャスターは天気を **forecast**(フォーキャスト) する

タレントはテレビ番組で **preside**(プリザイド) する

テレビレポーターはニュースで事故を **transmit**(トゥランズミット) する

記者は問題の事実関係を **ascertain**(アサテイン) する

記者は政界のスキャンダルを **uncover**(アンカヴァ) する

記者は事件の内容を詳細に **describe**(ディスクライブ) する

記者はシェークスピアの名言を **quote**(クウォウト) する

新聞社は企画の催しを **second**(セカンド) する

編集者は情報誌の内容を **update**(アプデイト) する

編集者は原稿のゲラ刷りを **proofread**(プルーフリード) する

デザイナーは校正の訂正箇所を **specify**(スペスィファイ) する

写真週刊誌は市民の人権を **impinge**(インピンヂ) する

出版社は著者の版権を **infringe**(インフリンヂ) する

テレビ局は映像の操作で世論を **manipulate**(マニピュレイト) する

12

☐ **forecast** [fɔ́:rkæst]	予報する	名 予報
☐ **preside** [prizáid]	司会をする	議長をする
☐ **transmit** [trænzmít]	伝える(知識・報道などを)	送る 伝導する
☐ **ascertain** [æsərtéin]	確認する(文語的)	
☐ **uncover** [ʌnkʌ́vər]	暴露する	打ち明ける 覆いを取る
☐ **describe** [diskráib]	記述する	描写する
☐ **quote** [kwout]	引用する	示す(実例などを)
☐ **second** [sékənd]	後援する	支持する(提案などを) 形 第二の
☐ **update** [ʌpdéit]	最新のものにする(情報などを)	名 最新情報
☐ **proofread** [prú:fri:d]	校正する	
☐ **specify** [spésəfài]	細かく指定する	明白にする
☐ **impinge** [impíndʒ]	侵害する(財産・権利などを)	侵す
☐ **infringe** [infríndʒ]	侵害する(権利などを)	破る(法律などを)
☐ **manipulate** [mənípjulèit]	たくみに操る(人・世論などを)	操作する 手でたくみに扱う

取り調べ

刑事は容疑者にアリバイを **inquire** する

容疑者は当時のアリバイを **state** する

「俺はやっていない」と犯行を **contradict** する

「俺は無実だ」と **allege** する

「ここから出せ！」と **clamor** する

「家に返してくれ」と **entreat** する

刑事は容疑者の人格を激しく **insult** する

容疑者に被害者の死を **convey** する

容疑者は突然大声で **wail** する

容疑者は犯行をそれとなく **imply** する

ついに自分の犯行を **confess** する

犯行の状況を詳細に **testify** する

刑事は容疑者の心情を **perceive** する

容疑者の心を **console** する

13

☐ **inquire** [inkwáiər]	尋ねる(形式的語)	
☐ **state** [steit]	述べる	名 州 名 状態
☐ **contradict** [kàntrədíkt]	否認する (人の意見・事実などを)	矛盾する (陳述などが)
☐ **allege** [əlédʒ]	主張する(強く)	
☐ **clamor** [klǽmər]	騒ぎたてる	叫ぶ 名 叫び
☐ **entreat** [intrí:t]	懇願する(文語的)	請う
☐ **insult** [insʌ́lt]	侮辱する	名 インサルト 侮辱
☐ **convey** [kənvéi]	伝える	運ぶ
☐ **wail** [weil]	泣き叫ぶ	嘆き悲しむ
☐ **imply** [implái]	ほのめかす	暗に意味する
☐ **confess** [kənfés]	白状する	
☐ **testify** [téstəfài]	供述する	証言する(法廷で)
☐ **perceive** [pərsí:v]	理解する	知覚する するのに気づく
☐ **console** [kənsóul]	慰める	元気づける

内面

過去のつらい記憶を **recollect** する

昔の苦労した人生を **reminisce** する

過去の失敗をくよくよと **repent** する

人の幸福を **envy** する

家庭の秘密を **cloak** する

苦しい現実から目を **avert** する

すぐに「カーッ」と **inflame** する

口先だけの人間を **despise** する

貞操感のない人間を **scorn** する

人の信頼を **betray** する

親を殺した犯人を **curse** する

ガンの宣告を受け **despair** する

祖父の死を **mourn** する

奴隷としての運命を **lament** する

14

☐ **recollect** [rèkəlékt]	思い出す	回想する
☐ **reminisce** [rèmənís]	回想する	追想する 思い出にふける
☐ **repent** [ri:pént]	後悔する	悔い改める
☐ **envy** [énvi]	うらやむ	名 うらやみ
☐ **cloak** [klouk]	覆い隠す	名 口実
☐ **avert** [əvə́:rt]	そむける(目を)	避ける 防ぐ
☐ **inflame** [infléim]	興奮する	憤慨させる 火をつける
☐ **despise** [dispáiz]	軽蔑する	
☐ **scorn** [skɔ́:rn]	軽蔑する (despiseより強い)	名 軽蔑
☐ **betray** [bitréi]	裏切る	暴露する (弱点などを)
☐ **curse** [kə́:rs]	呪う	名 呪い
☐ **despair** [dispéər]	絶望する	名 絶望
☐ **mourn** [mɔ́:rn]	悲しむ(死などを)	嘆く
☐ **lament** [ləmént]	嘆き悲しむ	嘆く

させる

強い光で目を **dazzle**(ダズル) させる

長い歳月が記憶を **blur**(ブラ～) させる

悪天候で出発を少し **delay**(ディレイ) させる

排卵日の妻に精子を **fertilize**(ファ～タライズ) させる

囚人の不満で暴動を **generate**(ヂェネレイト) させる

安定した収入で親を **reassure**(リーアシュア) させる

独身の社員を地方に **transfer**(トゥランスファ～) させる

新しい環境に自らを **orient**(オーリエント) させる

無理難題を言い部下を **perplex**(パプレクス) させる

「早くしろ！」と言って仕事を **quicken**(クウィクン) させる

重大なミスを犯し上司を **provoke**(プロヴォウク) させる

判断ミスで事業計画を **frustrate**(フラストゥレイト) させる

裁判で対立した企業を **reconcile**(レコンサイル) させる

経済の悪化で失業率を **augment**(オーグメント) させる

15

☐ **dazzle** [dǽzl]	目をくらませる	名きらきら光る
☐ **blur** [bləːr]	ぼんやりさせる (記憶などを)	ぼやける 曇らす
☐ **delay** [diléi]	遅らせる	延期する 遅れる
☐ **fertilize** [fə́ːrtəlàiz]	受精させる	肥やす(土地を) 名肥料
☐ **generate** [dʒénərèit]	発生させる	起こす
☐ **reassure** [rìːəʃúər]	安心させる	
☐ **transfer** [trænsfə́ːr]	転勤させる	移す 乗り換える
☐ **orient** [ɔ́ːrièntt]	適応させる	名東洋
☐ **perplex** [pərpléks]	困惑させる	まごつかせる
☐ **quicken** [kwík(ə)n]	急がせる	速める 速くなる
☐ **provoke** [prəvóuk]	怒らせる	
☐ **frustrate** [frʌ́streit]	失敗させる	挫折感を持たせる 欲求不満にする
☐ **reconcile** [rékənsàil]	和解させる	調停する
☐ **augment** [ɔːgmént]	増大させる(文語的)	

会社員

会社員は電車で会社に **commute** する

毎日仕事に一生懸命に **strive** する

長年の勤務で経験を **accumulate** する

生きがいある仕事は会社員を **suffice** させる

日々の残業でしだいに健康を **undermine** する

肝臓の機能が **deteriorate** する

好きなお酒を **refrain** する

タバコの喫煙を **abstain** する

薬で肉体的な痛みを **suppress** する

口から鮮血が **bleed** する

慢性的に何度も出血を **recur** する

激ヤセしカラダを **enfeeble** する

勤務ができず会社に辞表を **tender** する

仕事で無理を重ねたことを **regret** する

16

☐ **commute** [kəmjúːt]	通勤する	定期券で通う
☐ **strive** [straiv]	励む(文語的)	努力する(を得ようと)
☐ **accumulate** [əkjúːmjulèit]	蓄積する	たまる
☐ **suffice** [səfáis]	満足させる(文語的)	
☐ **undermine** [ʌ̀ndərmáin]	しだいに損なう	徐々に傷つける
☐ **deteriorate** [dití(ə)riərèit]	低下する	悪化する
☐ **refrain** [rifréin]	慎む	差し控える
☐ **abstain** [əbstéin]	慎む	棄権する
☐ **suppress** [səprés]	抑える	抑圧する 隠す
☐ **bleed** [bliːd]	出血する	血を採る(患者の)
☐ **recur** [rikə́ːr]	繰り返す	再発する(事件・病気などが)
☐ **enfeeble** [infíːbl]	弱くする	弱める
☐ **tender** [téndər]	差し出す	提出する 申し出る
☐ **regret** [rigrét]	後悔する	残念に思う 名残念

上司

上司は部下を励まし **stimulate** する
スティミュレイト

部下に自分の意見を **understate** する
アンダステイト

部下にやる気を **rouse** する
ラウズ

部下に勇気を **summon** する
サモン

部下に闘志を **kindle** する
キンドゥル

部下に取り引きの交渉を **authorize** する
オーソライズ

部下に責任を **saddle** する
サドゥル

部下の仕事ぶりをジーッと **contemplate** する
カンテンプレイト

部下の仕事を細かく **supervise** する
ス(ュ)ーパヴァイズ

部下の能力を正しく **assess** する
アセス

部下の仕事にいちいち **interfere** する
インタフィア

部下を威圧し **oppress** する
オプレス

無能な部下を容赦なく **desert** する
ディザート

上司は部下を落胆させ **disappoint** させる
ディサポイント

17

☐ **stimulate** [stímjulèit]	元気づける	刺激する
☐ **understate** [ʌ̀ndərstéit]	控えめに言う	控えめに述べる
☐ **rouse** [rauz]	奮起させる	元気づける
☐ **summon** [sʌ́mən]	奮い起こす	呼び出す 召喚する
☐ **kindle** [kíndl]	かきたてる	燃やす つける(火を)
☐ **authorize** [ɔ́:θəràiz]	委任する	権限を与える
☐ **saddle** [sǽdl]	負わせる	鞍をつける 名鞍
☐ **contemplate** [kántəmplèit]	熟視する	熟考する
☐ **supervise** [s(j)ú:pərvàiz]	監督する	
☐ **assess** [əsés]	評価する	査定する
☐ **interfere** [ìntərfíər]	干渉する	邪魔をする 妨げる
☐ **oppress** [əprés]	圧迫する	悩ます
☐ **desert** [dizə́:rt]	見捨てる	放棄する(職務などを) 去る
☐ **disappoint** [dìsəpóint]	失望させる	がっかりさせる

社長

社長は経営人としての才能を **exert** する

社長は自分の職務に **ply** する

社長は業界ナンバーワンを **aspire** する

社長は組合との交渉でやむなく **compromise** する

社長は会社の部署を一つに **integrate** する

社長は社内の機能を **streamline** する

社長は社内の経費を **economize** する

社長は店の営業時間を **prolong** する

社長は研究開発部に資金を **allot** する

社長は買収先の会社の価値を **evaluate** する

社長は他社を買収し **absorb** する

社長は新しい事業を **commence** する

社長は新商品の販売を **accelerate** する

社長は円安で海外進出を **abandon** する

18

☐ **exert** [igzə́:rt]	発揮する	働かせる (力・技などを)
☐ **ply** [plai]	励む	精を出して使う (道具などを)
☐ **aspire** [əspáiər]	熱望する	あこがれる
☐ **compromise** [kámprəmàiz]	妥協する	图妥協
☐ **integrate** [íntəgrèit]	統合する	
☐ **streamline** [strí:mlàin]	合理化する	流線形にする 图流線形
☐ **economize** [ikánəmàiz]	節約する	経費を切り詰める
☐ **prolong** [prəlɔ́(:)ŋ]	延長する	長引かせる
☐ **allot** [əlát]	割り当てる	
☐ **evaluate** [ivǽljuèit]	査定する	鑑定する 評価する(人・ものを)
☐ **absorb** [əbsɔ́:rb]	吸収する	併合する 吸収する(液体などを)
☐ **commence** [kəméns]	始める(文語的)	着手する 始まる
☐ **accelerate** [əksélərèit]	早める	速める(速度を)
☐ **abandon** [əbǽndən]	断念する	捨てる 見捨てる

会社

電話会社は家庭に電話を **install**(インストール) する

おもちゃ会社は画期的なおもちゃを **contrive**(コントゥライヴ) する

出版社は女性雑誌を **compile**(コンパイル) する

コンピューター会社は情報を企業に **furnish**(ファーニシ) する

土木会社は道路を **pave**(ペイヴ) する

建築会社はマンションの室内を **refurbish**(リーファービシ) する

運送会社は貨物を **freight**(フレイト) する

鉄道会社は電車の性能を高め **accelerate**(アクセラレイト) する

自動車会社は車の安全を **ensure**(エンシュア) する

競売会社は競売で絵画に **bid**(ビッド) する

宝石会社はダイヤモンドの品質を **guarantee**(ギャランティー) する

求人会社は応募者の名前を **enroll**(エンロウル) する

調査会社はクライアントの依頼内容を **probe**(プロウブ) する

経理会社は会社の会計を **audit**(オーディト) する

19

□ **install** [instɔ́:l]	取りつける	就任式を行う
□ **contrive** [kəntráiv]	考案する	企む / 計略する
□ **compile** [kəmpáil]	編集する	
□ **furnish** [fə́:rniʃ]	提供する	供給する / 家具を入れる
□ **pave** [peiv]	舗装する	
□ **refurbish** [ri:fə́:rbiʃ]	改装する	
□ **freight** [freit]	輸送する(貨物を)	名 貨物
□ **accelerate** [əksélərèit]	速度を速める	
□ **ensure** [inʃúər]	保証する	確実にする
□ **bid** [bid]	値をつける(競売で)	名 入札
□ **guarantee** [gærəntí:]	保証する	名 保証
□ **enroll** [inróul]	登録する	入会する / 入隊する
□ **probe** [proub]	徹底的に調査する	厳密に調べる
□ **audit** [ɔ́:dit]	会計検査をする	

企業

二人のオーナーが企業に **pool** する

競合する会社が一つに **merge** する

利害の合致する会社と **amalgamate** する

銀行が資金面で **underwrite** する

業績不振の会社を次々に **bribe** する

あらゆる分野にビジネスを **diversify** する

弱い部門に人材を **reinforce** する

海外との取引を積極的に **transact** する

会社は急激に **thrive** する

経営コンサルタントの助言を **defy** する

海外に莫大な資金を投資し **risk** する

思いきった計画が **backfire** する

予期せぬ結果は社長を **dismay** させる

経営が悪化し手形が **bounce** する

20

☐ **pool** [pu:l]	共同出資する	名資金
☐ **merge** [məːrdʒ]	合併する	
☐ **amalgamate** [əmǽlgəmèit]	合併する	
☐ **underwrite** [ʌ̀ndərráit]	融資を引き受ける	保険を引き受ける
☐ **bribe** [braib]	買収する	賄賂を贈る 名賄賂
☐ **diversify** [divə́ːrsəfài]	多様化する	
☐ **reinforce** [rìːinfɔ́ːrs]	補強する	強化する 補充する
☐ **transact** [trænsǽkt]	行う(取引などを)	処理する (事務などを)
☐ **thrive** [θraiv]	繁栄する	栄える よく成長する
☐ **defy** [difái]	無視する	してみろと挑む 許さない
☐ **risk** [risk]	危険を冒す	賭ける(命などを) 名危険
☐ **backfire** [bǽkfàiər]	裏目に出る	
☐ **dismay** [disméi]	ろうばいさせる	肝をつぶす 名ろうばい
☐ **bounce** [bauns]	不渡りになる	はずむ 跳ねまわる

ビジネス

経営ミスで会社の資産を **forfeit**(フォーフィト) する

不採算の会社を **liquidate**(リクウィデイト) する

余剰従業員を **discharge**(ディスチャーデ) する

工場の操業時間を **shorten**(ショートゥン) する

残業時間を **lessen**(レスン) する

会社の接待費用を **confine**(コンファイン) する

支出を最大限に **diminish**(ディミニシ) する

旧態依然の労働環境を **maintain**(メ(イ)ンテイン) する

設備投資の費用を **depreciate**(ディプリーシエイト) する

休止していた研究を **resume**(リズ(ュ)ーム) する

銀行からの借金を **reimburse**(リーインバース) する

新たな事業に資金を **invest**(インヴェスト) する

経営が上向き会社は **gain**(ゲイン) する

経常利益が前年期を **surpass**(サ〜パス) する

21

☐ **forfeit** [fɔ́ːrfit]	失う(犯罪・過失などで)	没収される 名罰金
☐ **liquidate** [líkwidèit]	整理する(倒産会社などを)	支払う 返済する
☐ **discharge** [distʃáːrdʒ]	解雇する	降ろす(荷を) 解放する
☐ **shorten** [ʃɔ́ːrtn]	短縮する	短くする 縮まる
☐ **lessen** [lésn]	少なくする	小さくする
☐ **confine** [kənfáin]	制限する	閉じ込める
☐ **diminish** [dimíniʃ]	減らす(文語的)	減少する
☐ **maintain** [me(i)ntéin]	整備する	続ける 主張する
☐ **depreciate** [diprí:ʃièit]	減価償却する	見くびる 軽視する
☐ **resume** [riz(j)úm]	再開する	再び始める 再び続ける
☐ **reimburse** [rìːimbə́ːrs]	返済する	払い戻しをする
☐ **invest** [invést]	投資する	
☐ **gain** [gein]	利益を得る	得る 名利益
☐ **surpass** [səːrpǽs]	超える	しのぐ より勝る

会議

社内の事情で会議を **adjourn** する
_{アヂァ～ン}

この後に改めて会議を **convene** する
_{コンヴィーン}

現場責任者が意見を **contend** する
_{コンテンド}

参加した社員はその意見を **uphold** する
_{アプホウルド}

頑固な役員はその意見に **disapprove** する
_{ディサプルーヴ}

なかなか意見が **disagree** する
_{ディサグリー}

社長は保身的な役員を **reproach** する
_{リプロウチ}

全員が心を合わせて問題に **address** する
_{アドゥレス}

解決策を真剣に **ponder** する
_{パンダァ}

各自はお互いの意見をよく **comprehend** する
_{カンプリヘンド}

ようやく意見が **accord** する
_{アコード}

その意見にみんなが **consent** する
_{コンセント}

初期の原案を微妙に **amend** する
_{アメンド}

修正案を正式に **resolve** する
_{リザルヴ}

22

単語	意味1	意味2
adjourn [ədʒə́ːrn]	延期する（会議などを）	散会する
convene [kənvíːn]	召集する	開かれる（会が） 集う（人が）
contend [kənténd]	主張する（強く）	闘う 競争する
uphold [ʌphóuld]	支持する	支える 持ち上げる
disapprove [dìsəprúːv]	賛成しない	承認しない 不可とする
disagree [dìsəgríː]	一致しない	合わない
reproach [ripróutʃ]	叱る	とがめる
address [ədrés]	取り組む	話しかける 演説する
ponder [pándər]	よく考える	熟考する
comprehend [kàmprihénd]	理解する（文語的）	
accord [əkɔ́ːrd]	一致する（文語的）	名 一致
consent [kənsént]	同意する	承諾する 名 同意
amend [əménd]	修正する	改正する （法案・制度などを）
resolve [rizálv]	決議する	決心する 解決する

マネー

親戚から100万円を **owe** する

亡くなった親の財産を **inherit** する

遺産を兄弟で平等に **deal** する

相続した資産に対して税を **impose** する

財産の一部を貧しい施設に **endow** する

返品された商品の代金を **refund** する

小切手の裏に住所氏名を **endorse** する

定期預金が1ヵ月後に **mature** する

貸付金の返済期限を **postpone** する

所得に対して医療費を **subtract** する

給料の1ヵ月分を **advance** する

株に対する配当を **allocate** する

不採算部門の財務状況を **scrutinize** する

赤字部門に資金を **spare** する

23

単語	意味1	意味2
owe [ou]	借りている	借りがある / 負う
inherit [inhérit]	相続する	
deal [di:l]	分配する	名配ること
impose [impóuz]	課する	負わせる / 押しつける
endow [indáu]	寄付する(大学・病院などに)	恵まれている
refund [rifÁnd]	払い戻す	
endorse [indɔ́:rs]	裏書きする	
mature [mət(j)úər]	満期になる(手形・債権などが)	熟す / 形円熟した
postpone [pous(t)póun]	延期する	
subtract [səbtrǽkt]	控除する	引く / 減じる
advance [ədvǽns]	前払いする	進む / 進歩する
allocate [ǽləkèit]	分配する	
scrutinize [skrú:tənàiz]	細かく調べる	綿密に調べる / 吟味する
spare [spεər]	出し惜しむ(ふつう否定形で)	さく(時間などを) / 形予備の

景気

好景気で株価を **boost** する

好景気で物価を **inflate** する

好景気で円高を **induce** する

景気と地価は **interact** する

地価が急激に **soar** する

政府は景気対策を **convert** する

市場は政策転換に **object** する

株価が一時下落するが再び **rally** する

地価の下落で金融恐慌を **trigger** する

金融恐慌で会社倒産が **ensue** する

金融の恐慌で銀行の連鎖倒産を **incur** する

日本が経済危機に **plunge** する

経済学者はこの状況を **foresee** する

官民が一体となり恐慌を **surmount** する

24

☐ **boost** [buːst]	押し上げる	後援する 増やす
☐ **inflate** [infléit]	つり上げる (物価などを)	
☐ **induce** [ind(j)úːs]	引き起こす(文語的)	に説いて…させる
☐ **interact** [intərǽkt]	相互に作用する	互いに影響する
☐ **soar** [sɔːr]	急騰する	急に上がる 急上昇する(温度などが)
☐ **convert** [kənvə́ːrt]	転換する	
☐ **object** [əbdʒékt]	反対する	アブヂェクト 名物・目的
☐ **rally** [rǽli]	持ち直す	回復する 名大会
☐ **trigger** [trígər]	誘発する	引き起こさせる 名引き金
☐ **ensue** [insúː]	続いて起こる (必然的に)	
☐ **incur** [inkə́ːr]	招く(危険・損失などを)	
☐ **plunge** [plʌndʒ]	突入する	落ち込む 飛び込む
☐ **foresee** [fɔːrsíː]	予測する	
☐ **surmount** [səːrmáunt]	乗り越える	打ち勝つ (困難などに)

研究所

国の構想を実際に **embody** する

政府は国立科学研究所を **institute** する

最新鋭の設備で研究所を **modernize** する

国家が資金的な援助を **render** する

主要メンバーは各分野の人材から **consist** する

研究所は一流の学者で **constitute** する

将来性のあるテーマの研究を **initiate** する

テーマごとに学者が **collaborate** する

近代的設備は研究を **expedite** する

研究費用が予算を **exceed** する

企業も惜しみなく研究所に **fund** する

充分な資金は研究を **facilitate** する

研究の成果は千金に **deserve** する

研究は人類の生活を **elevate** する

25

☐ **embody** [imbádi]	具体化する(文語的)	取り入れる
☐ **institute** [ínstət(j)ùːt]	設立する(文語的)	名 研究所
☐ **modernize** [mádərnàiz]	近代化する	現代化する 現代的になる
☐ **render** [réndər]	与える	表現する
☐ **consist** [kənsíst]	から成る	
☐ **constitute** [kánstət(j)ùːt]	構成する	制定する 設置する
☐ **initiate** [iníʃièit]	始める	創始する 入会式を行う
☐ **collaborate** [kəlǽbərèit]	共同で研究する	合作する
☐ **expedite** [ékspədàit]	はかどらせる	促進する 手早く片づける
☐ **exceed** [iksíːd]	超える	超過する
☐ **fund** [fʌnd]	資金援助する	名 資金
☐ **facilitate** [fəsílətèit]	容易にする (文語的)	
☐ **deserve** [dizə́ːrv]	値する	受ける価値がある
☐ **elevate** [éləvèit]	向上させる	昇進させる 持ち上げる

犯罪者

総会屋は株主総会の議事を **obstruct**(オブストゥラクト) する

結婚詐欺師は女性をたくみに **lure**(リュア) する

ペテン師は人の財産を **swindle**(スウィンドゥル) する

ストーカーは女性を不意に **raid**(レイド) する

チンピラは路地裏で男に **assault**(アソールト) する

ヤクザは対立する組の組長を **ambush**(アンブシ) する

強盗は銀行から現金を **rob**(ラブ) する

海賊は人の財宝を **pirate**(パイ(ア)レト) する

スパイは敵の機密情報を **deprive**(ディプライヴ) する

誘拐犯は金目当てに子供を **kidnap**(キドゥナプ) する

マフィアは一般市民を抗争に **implicate**(インプリケイト) する

テロリストは爆弾で建物を **demolish**(ディマリシ) する

過激派は敵対するセクトに **revenge**(リヴェンヂ) する

暗殺者は大統領を **assassinate**(アサスィネイト) する

26

☐ **obstruct** [əbstrʌ́kt]	妨害する（議事の進行などを）	ふさぐ（道などを）邪魔をする
☐ **lure** [l(j)uər]	誘惑する	おびき寄せる
☐ **swindle** [swíndl]	だまし取る	詐欺にかける 名詐欺
☐ **raid** [reid]	襲う	襲撃する 名手入れ（警察の）
☐ **assault** [əsɔ́:lt]	暴行を加える	急襲する 名攻撃
☐ **ambush** [ǽmbuʃ]	待ち伏せして襲う	名待ち伏せ
☐ **rob** [rɑb]	強奪する	奪う
☐ **pirate** [pái(ə)rət]	略奪する	名海賊
☐ **deprive** [dipráiv]	奪う	
☐ **kidnap** [kídnæp]	誘拐する	
☐ **implicate** [ímpləkèit]	巻き込む（文語的）	
☐ **demolish** [dimɑ́liʃ]	破壊する（建物などを）	粉砕する
☐ **revenge** [rivéndʒ]	復讐する	名復讐
☐ **assassinate** [əsǽsənèit]	暗殺する	

裁判

警察は容疑者を **indict** する

裁判長は「これより開廷する」と **proclaim** する

検事は犯行の状況を **presume** する

犯行の事実を **verify** する

否認する容疑者の犯罪を **disclose** する

検事はおもむろに容疑者に **question** する

攻撃的な尋問で容疑者を **arouse** する

質問の表現を **paraphrase** する

容疑者は返事を **hover** する

裁判官は容疑者を **discredit** する

弁護士は彼を **plead** する

裁判長は審議の末 **sentence** する

明らかな証拠で容疑者に **condemn** する

容疑者に懲役刑を **inflict** する

27

☐ **indict** [indáit]	起訴する	
☐ **proclaim** [proukléim]	宣言する(文語的)	証明する
☐ **presume** [priz(j)úːm]	推定する	ずうずうしく言う
☐ **verify** [vérəfài]	立証する	確かめる
☐ **disclose** [disklóuz]	暴く	打ち明ける 漏らす(秘密などを)
☐ **question** [kwéstʃən]	尋問する	質問する 名質問
☐ **arouse** [əráuz]	刺激する	目覚めさせる
☐ **paraphrase** [pǽrəfrèiz]	言い換える	名言い換え
☐ **hover** [hʌ́vər]	ためらう	舞う(上空を) うろつく
☐ **discredit** [diskrédit]	疑う	信用しない 名疑惑
☐ **plead** [pliːd]	弁護する	嘆願する 弁論する
☐ **sentence** [séntəns]	判決を下す	名文 名判決
☐ **condemn** [kəndém]	有罪判決を下す	責める とがめる
☐ **inflict** [inflíkt]	課す(罰を)	与える(苦痛などを)

戦争

偵察隊は敵陣を **scout**(スカウト) する

軍隊は敵の陣営を密かに **beset**(ビセット) する

ロケット弾を一斉に **launch**(ローンチ) する

建物を激しく **bomb**(バム) する

部隊を集結し **assail**(アセイル) する

敵陣営は必死に **resist**(リズィスト) する

全力をあげて果敢に **withstand**(ウィズスタンド) する

激しい戦闘で多くの兵士が **perish**(ペリシ) する

敵陣営は後方に **evacuate**(イヴァキュエイト) する

強力な軍事力で敵を **overwhelm**(オウヴァ(フ)ウェルム) する

敵軍を完全に **overpower**(オウヴァパウア) する

敵陣営は白旗を上げ **surrender**(サレンダァ) する

軍隊は敵を **overthrow**(オウヴァスロウ) する

軍隊は次々と周辺諸国を **subdue**(サブデュー) する

28

単語	意味1	意味2
☐ **scout** [skaut]	偵察する	名 偵察兵 / 名 ボーイスカウトの一人
☐ **beset** [bisét]	包囲する	
☐ **launch** [lɔ:ntʃ]	発射する	進水させる(船を) / 始める(事業などを)
☐ **bomb** [bɑm]	爆撃する	名 爆弾
☐ **assail** [əséil]	猛烈に攻撃する (文語的)	
☐ **resist** [rizíst]	抵抗する	
☐ **withstand** [wiðstǽnd]	抵抗する	逆らう / 我慢する
☐ **perish** [périʃ]	死ぬ	倒れる / 滅びる
☐ **evacuate** [ivǽkjuèit]	撤退する	避難する / 疎開する
☐ **overwhelm** [òuvər(h)wélm]	圧倒する	打ち勝つ / 打ちのめす(悲しみなどが人を)
☐ **overpower** [òuvərpáuər]	制圧する	打ち負かす
☐ **surrender** [səréndər]	降伏する	引き渡す / 名 引き渡し
☐ **overthrow** [òuvərθróu]	打倒する	ひっくり返す / 転覆させる
☐ **subdue** [səbd(j)ú:]	征服する	服従させる

政府

政府は外国と条約を **conclude**(コンクルード) する

政府は不利な条約を **void**(ヴォイド) する

政府は薬品の輸入を **regulate**(レギュレイト) する

政府は密輸品を **impound**(インパウンド) する

政府は卑猥な出版物を **censor**(センサァ) する

政府は省庁の経費節減を **prescribe**(プリスクライブ) する

政府は必要な法律を **enact**(イナクト) する

政府は古い制度を **abolish**(アバリシ) する

政府は省庁内の不正を **purge**(パ〜ヂ) する

政府は国民に納税を **oblige**(オブライヂ) する

政府は低所得者に納税を **exempt**(イグゼンプト) する

政府は違反者から罰金を **levy**(レヴィ) する

政府は新しく内閣を **reshuffle**(リーシャフル) する

政府は国民から信頼を **retrieve**(リトゥリーヴ) する

29

☐ **conclude** [kənklú:d]	締結する(条約などを)	終える 結論を下す
☐ **void** [vɔid]	無効にする	名空虚感
☐ **regulate** [régjulèit]	規制する	調整する
☐ **impound** [impáund]	没収する	押収する
☐ **censor** [sénsər]	検閲する	名検閲官
☐ **prescribe** [priskráib]	指示する	規定する 処方する
☐ **enact** [inækt]	制定する	上演する
☐ **abolish** [əbáliʃ]	廃止する	
☐ **purge** [pá:rdʒ]	一掃する	追放する 粛清する
☐ **oblige** [əbláidʒ]	義務づける	親切にする
☐ **exempt** [igzémpt]	免除する(文語的)	
☐ **levy** [lévi]	徴収する	取り立てる 徴税する
☐ **reshuffle** [rì:ʃʌ́fl]	改造する(内閣などを)	名改造(内閣の)
☐ **retrieve** [ritrí:v]	取り戻す	取り返す 検索する

名詞英単語
784

自然

関東地方に気温40度を超す **heat wave**(ヒートウェイヴ) が襲う

雨期が続き **humidity**(ヒュ(ー)ミディティ) が上昇する

40日間降り続く雨で **deluge**(デリューヂ) が起こる

東北一帯を **cold front**(コウルド フラント) が覆い大雪となる

北西から **cold air mass**(コウルド エアマァス) が移動する

今年一番の **cold wave**(コウルド ウェイヴ) が襲う

ゆらゆらとわずかに大地が **tremor**(トゥレマァ) で揺れる

地震の **epicenter**(エピセンタァ) は200キロ先の断層

積乱雲の下で巨大な **tornado**(トーネイドウ) が発生する

火山の **eruption**(イラプション) で溶岩が流れ出る

汚染によって生物に **mutation**(ミュ(ー)テイション) がおきる

自然破壊で **ecosystem**(イーコウスィステム) が崩れる

生態系の破壊で異常な **phenomenon**(フィナメナン) が続く

酸性雨で金属の **erosion**(イロウジョン) が進む

30

heat wave [hiːt weiv]	猛暑	
humidity [hju(ː)mídəti]	湿度	湿気
deluge [délju:dʒ]	大洪水	動氾濫させる
cold front [kould frʌnt]	寒冷前線	
cold air mass [kould ɛər mæs]	寒気団	
cold wave [kould weiv]	寒波	
tremor [trémər]	微震	身震い
epicenter [épəsèntər]	震源	
tornado [tɔːrnéidou]	大竜巻	
eruption [irʌ́pʃən]	噴火	
mutation [mju(ː)téiʃən]	突然変異	
ecosystem [íːkousìstəm]	生態系	
phenomenon [finámənùn]	現象	
erosion [iróuʒən]	腐食	浸食

物質

ひらひらと降る雪の **flake**
（フレイク）

粉々に砕けたコップの **fragment**
（フラグメント）

通話に便利なダイヤルの **contraction**
（コントゥラクション）

燃料を貯蔵するタンクの **bulk**
（バルク）

風邪薬に含まれる薬品の **ingredient**
（イングリーディエント）

ドロドロとした液体の **composition**
（カンポズィション）

三角すいの **apex**
（エイペクス）

条件を満たす一定の **criterion**
（クライティアリオン）

世界で統一された部品の **gauge**
（ゲイヂ）

長方形の縦横の **ratio**
（レイショウ）

全体から切り離された **segment**
（セグメント）

落下における物体の **momentum**
（モウメンタム）

水素燃料を使ったエンジンの **mode**
（モウド）

数学の問題を解くための **equation**
（イクウェイジョン）

86

31

☐ **flake** [fleik]	一片	薄片 / フレーク
☐ **fragment** [frǽgmənt]	かけら	破片 / 断片
☐ **contraction** [kəntrǽkʃən]	短縮	収縮
☐ **bulk** [bʌlk]	容積	体積
☐ **ingredient** [ingríːdiənt]	成分	原料 / 構成要素
☐ **composition** [kàmpəzíʃən]	構成要素	作文 / 作品(音楽・詩などの)
☐ **apex** [éipeks]	頂点	頂上 / 先端
☐ **criterion** [kraitíəriən]	基準(判断の)	標準
☐ **gauge** [geidʒ]	規格	寸法 / 動 測る
☐ **ratio** [réiʃou]	比率	割合
☐ **segment** [ségmənt]	部分	区分 / 分節
☐ **momentum** [mouméntəm]	運動量	勢い / はずみ
☐ **mode** [moud]	方式	様式 / 流儀
☐ **equation** [ikwéiʒən]	方程式	等式

科学

岩場から発掘される恐竜の **fossil**

油田から掘り出される **crude oil**

ウランを燃料とする **nuclear reactor**

原子炉から排出される **nuclear waste**

大量の情報を送信できる **optical fiber**

衛星放送に必要な **satellite**

日本が誇る工作機械の高い **accuracy**

薄型テレビに不可欠な **liquid crystal**

コンピューターの中枢をなす **central processing unit**

コンピューターに問われる **performance**

コンピューターの性能を左右する演算処理 **velocity**

基板の上に密集する **integrated circuit**

集積回路に不可欠な **semiconductor**

次世代のコンピューターで研究される **artificial intelligence**

32

fossil [fás(ə)l]	化石	
crude oil [kru:d ɔil]	原油	
nuclear reactor [n(j)ú:kliər ri(:)æktər]	原子炉	
nuclear waste [n(j)ú:kliər weist]	核廃棄物	
optical fiber [áptikəl fáibər]	光ファイバー	
satellite [sǽtəlàit]	人工衛星	衛星
accuracy [ǽkjurəsi]	精度	正確さ 精密
liquid crystal [líkwid krístl]	液晶	
central processing unit [séntrəl prásesiŋ jú:nit]	中央演算処理装置(CPU)	
performance [pərfɔ́:rməns]	性能	遂行 演奏
velocity [vəlásəti]	速度	
integrated circuit [íntəgrèitid sɔ́:rkit]	集積回路(IC)	
semiconductor [sèmikəndʌ́ktər]	半導体	
artificial intelligence [à:rtəfíʃəl intélədʒəns]	人工知能	

公害

食品に含まれる **food additives**

食品に色がつけられる **artificial colors**

各家庭から流される **sewage**

車から排出される **exhaust gas**

排気ガスによる **air pollution**

工場から垂れ流される **industrial waste water**

海底にたまる **sludge**

工場の煙突から排出される **photochemical gas**

事故における原子炉の **defect**

放射能汚染による **disaster**

戦地に敷きつめられた **mine**

人間と自然をむしばむ **pollution**

公害が引き起こす様々な **obstacle**

公害による住民の **sacrifice**

33

☐ **food additives** [fu:d ǽditivz]	食品添加物	
☐ **artificial colors** [à:rtəfíʃəl kʌ́lərz]	人工着色料	
☐ **sewage** [sú:idʒ]	汚水	下水
☐ **exhaust gas** [igzɔ́:st gæs]	排気ガス	
☐ **air pollution** [ɛər pəlú:ʃən]	大気汚染	
☐ **industrial waste water** [indʌ́striəl weist wɔ́:tər]	工場排水	
☐ **sludge** [slʌdʒ]	ヘドロ	ぬかるみ
☐ **photochemical gas** [fòutəkémikəl gæs]	光化学スモッグ	
☐ **defect** [dí:fekt]	欠陥	欠点 短所
☐ **disaster** [dizǽstər]	災害	大災害 惨事
☐ **mine** [main]	地雷	鉱山 動採掘する
☐ **pollution** [pəlú:ʃən]	公害	汚染
☐ **obstacle** [ɑ́bstəkl]	障害	
☐ **sacrifice** [sǽkrəfàis]	犠牲	動犠牲にする

災害

災害に対する日頃からの **precaution**（プリコーション）

災害に備えての食糧の **readiness**（レディネス）

災害に備えての日頃からの **discipline**（ディスィプリン）

災害時のすみやかな **refuge**（レフューヂ）

災害による交通網の **mix-up**（ミクサプ）

災害によって引き起こされる **disorder**（ディスオーダァ）

混乱する被災地と **vicinity**（ヴィスィニティ）

逃げまどう **populace**（パビュラス）

自衛隊による任務の **performance**（パフォーマンス）

自衛隊の活動の **realm**（レルム）

救済活動を行う **procedure**（プロスィーヂャ）

救済活動にともなう **peril**（ペリル）

災害で犠牲となった **multitude**（マルティテュード）

災害で受けた心の **scar**（スカー）

34

☐ **precaution** [prikɔ́ːʃən]	用心	警戒 予防策
☐ **readiness** [rédinis]	準備	快諾
☐ **discipline** [dísəplin]	訓練	規律 動訓練をする
☐ **refuge** [réfjuːdʒ]	避難	保護
☐ **mix-up** [míksʌp]	混乱	混乱状態 手違い
☐ **disorder** [disɔ́ːrdər]	混乱	暴動 不調(心・体の)
☐ **vicinity** [vəsínəti]	周辺	近所 付近
☐ **populace** [pápjuləs]	民衆 (ふつう the をつけて)	大衆 庶民
☐ **performance** [pərfɔ́ːrməns]	遂行	演奏 上演
☐ **realm** [relm]	領域	王国 範囲
☐ **procedure** [prəsíːdʒər]	手順	手続き 処置
☐ **peril** [péril]	危険(文語的)	危険物
☐ **multitude** [mʌ́ltət(j)ùːd]	多数(文語的)	群衆
☐ **scar** [skɑːr]	傷跡	動傷跡をつける

場所

カナダのケベック **province** (プラヴィンス)

日本の神奈川 **prefecture** (プリーフェクチァ)

カリフォルニアのオレンジ **county** (カウンティ)

東京やニューヨークなどの **metropolis** (ミトゥラポリス)

イルカのショーを行う **aquarium** (アクウェ(ア)リアム)

遊覧船が出航する **wharf** ((フ)ウォーフ)

タンカーが横づけされた **pier** (ピア)

原油を精製する **refinery** (リファイナリィ)

飲料水の保管のための **reservoir** (レザヴワー)

陸上競技が行われる **oval** (オウヴァル)

格闘技が行われる **arena** (アリーナ)

大学の脇に建つ学生の **dormitory** (ドーミトーリィ)

農村に立ち並ぶ **farmhouse** (ファームハウス)

耕作されず放置された **wilderness** (ウィルダネス)

35

☐ **province** [právins]	州 (カナダ・オーストラリアなどの)	省
☐ **prefecture** [príːfektʃər]	県 (日本などの)	府
☐ **county** [káunti]	郡	
☐ **metropolis** [mitrápəlis]	大都市	首都 巨大な都市
☐ **aquarium** [əkwɛ́(ə)riəm]	水族館	
☐ **wharf** [(h)wɔːrf]	波止場	埠頭
☐ **pier** [piər]	埠頭	波止場 橋げた
☐ **refinery** [rifáin(ə)ri]	精油所	精錬所
☐ **reservoir** [rézərvwàːr]	貯水池	
☐ **oval** [óuvəl]	競技場 (長円形の)	楕円形 形 楕円形の
☐ **arena** [əríːnə]	試合場	競技場
☐ **dormitory** [dɔ́ːrmətɔ̀ːri]	寮 (大学の)	寄宿舎
☐ **farmhouse** [fáːrmhàus]	農家	
☐ **wilderness** [wíldərnis]	荒れ地	荒野 未開地

海外旅行

ジャンボジェット機による **liner**〔ライナァ〕

割安料金の **coach**〔コゥチ〕

観光の時期による **surcharge**〔サ〜チャーヂ〕

アメリカ入国における **entry inspection**〔エントゥリィ インスペクション〕

空港から都心に至る **transportation**〔トゥランスポテイション〕

タクシー運転手に告げる **destination**〔デスティネイション〕

事故による車の **traffic congestion**〔トゥラフィク コンヂェスチョン〕

車が混雑する **intersection**〔インタセクション〕

歩行者が渡る **pedestrian crossing**〔ペデストゥリアン クロ(ー)スィング〕

ビルだらけの **skyscraper**〔スカイスクレイパァ〕

観光でまわる **the sights**〔サイト〕

長距離バスターミナルの **depot**〔ディーポウ〕

切符を販売する **vending machine**〔ヴェンディング マシーン〕

切符をチェックする **wicket**〔ウィキト〕

36

☐ **liner** [láinər]	定期旅客機	定期船
☐ **coach** [koutʃ]	エコノミークラス	
☐ **surcharge** [sə́:rtʃà:rdʒ]	割増運賃	追加料金
☐ **entry inspection** [éntri inspékʃən]	入国審査	
☐ **transportation** [trænspərtéiʃən]	交通手段	輸送
☐ **destination** [dèstənéiʃən]	目的地	行き先
☐ **traffic congestion** [trǽfik kəndʒéstʃən]	交通渋滞	
☐ **intersection** [ìntərsékʃən]	交差点	交差 十字路
☐ **pedestrian crossing** [pidéstriən krɔ́(:)siŋ]	横断歩道	
☐ **skyscraper** [skáiskrèipər]	摩天楼	超高層ビル
☐ **the sights** [sait]	名所	
☐ **depot** [díːpou]	駅(長距離バスの)	待合所
☐ **vending machine** [véndiŋ məʃíːn]	自動販売機	
☐ **wicket** [wíkit]	改札口	窓口 くぐり戸

料理

口の中に広がるおいしい **savor**　セイヴァ

エスニック料理の独特の **flavor**　フレイヴァ

ワサビの効いたピリッとした **zest**　ゼスト

ビールからあふれ出る **foam**　フォウム

小麦粉をこねた **dough**　ドウ

スライスされた食パンの **chunk**　チャンク

食前に飲む **aperitif**　アーペリティーフ

宴会で出される **feast**　フィースト

パーティーで用意される昼の **luncheon**　ランチョン

料理学校で教える **cuisine**　クウィズィーン

美食には目がない **gourmet**　グアメイ

ごちそうによる客への **hospitality**　ハスピタリティ

食品に含まれた **additive**　アディティヴ

腐敗を防ぐための **preservative**　プリザ〜ヴァティヴ

37

savor [séivər]	味	風味 動賞味する
flavor [fléivər]	味（独特の）	風味 動風味をつける
zest [zest]	味（ピリッとする）	強い香味 熱意
foam [foum]	泡	あぶく 動泡立つ
dough [dou]	パン生地	練り粉 生パン
chunk [tʃʌŋk]	厚い一片 （チーズ・パンなどの）	大量 大きな固まり
aperitif [ɑ:pèrití:f]	食前酒	
feast [fi:st]	ごちそう	祝宴
luncheon [lʌ́ntʃən]	昼食（正式な）	
cuisine [kwizí:n]	料理法	
gourmet [gúərmei]	食通	美食家 グルメ
hospitality [hɑ̀spətǽləti]	手厚いもてなし	歓待
additive [ǽditiv]	添加物	添加剤
preservative [prizə́:rvətiv]	防腐剤	形保存の 形保存力のある

家族

三世代が同居する **extended family**

子供が一人だけの **nuclear family**

核家族化で少なくなる **sibling**

腹を痛めて産んだ **biological parent**

養子を育てる **foster parent**

孤児を引き取る **adoption**

パパの再婚でなじめない **stepmother**

育児で苦労する **parenting**

赤ちゃんを預かる **day-care center**

離婚によって発生する子供の **custody**

子供に受け継がれる家の **surname**

血を通して受け継ぐ **heredity**

由緒ある家が重んじる **descent**

遺言で分配される **legacy**

38

□ **extended family** [iksténdid fǽm(ə)li]	大家族	
□ **nuclear family** [n(j)ú:kliər fǽm(ə)li]	核家族	
□ **sibling** [síbliŋ]	きょうだい (男女の別のない)	
□ **biological parent** [bàiəládʒikəl pɛ́(ə)rənt]	生みの親	
□ **foster parent** [fɔ́(:)stər pɛ́(ə)rənt]	里親	
□ **adoption** [ədápʃən]	養子縁組	採用
□ **stepmother** [stépmʌ̀ðər]	継母	
□ **parenting** [pɛ́(ə)rəntiŋ]	子育て	
□ **day-care center** [déikɛ̀ər séntər]	託児所	
□ **custody** [kʌ́stədi]	養育権	保護 監督
□ **surname** [sɚ́ːrnèim]	姓	
□ **heredity** [hirédəti]	遺伝	
□ **descent** [disént]	家系	血統 系図
□ **legacy** [légəsi]	遺産(遺言で定められた)	

常備薬

家庭に備えておく **household medicine** (ハウスホウルド メデ(ィ)スン)

風邪を予防する **gargle** (ガーグル)

熱を計るための **thermometer** (サマメタァ)

熱を下げるための **antifebrile** (アンタイフィーブラル)

頭痛を止める **aspirin** (アスピリン)

咳を止める **cough medicine** (コ(ー)フ メデ(ィ)スン)

風邪をひいたときの **cold medicine** (コウルド メデ(ィ)スン)

食べ過ぎのときに飲む **digestive aid** (ダイヂェスティヴ エイド)

下痢になったときの **binding medicine** (バインディング メデ(ィ)スン)

便秘になったときの **laxative** (ラクサティヴ)

傷口を殺菌する **antiseptic** (アンティセプティク)

すり傷に塗る **ointment** (オイントゥメント)

傷口に貼る **sticking plaster** (スティッキング プラスタァ)

打ち身を冷やす **compress** (カンプレス)

39

☐ **household medicine** [háushòuld méd(ə)sən]	常備薬	
☐ **gargle** [gáːrgl]	うがい薬	うがい 動 うがいをする
☐ **thermometer** [θərmámətər]	体温計	湿度計
☐ **antifebrile** [æntaifíːbrəl]	解熱剤	
☐ **aspirin** [ǽsp(ə)rin]	鎮痛剤	
☐ **cough medicine** [kɔ́(ː)f méd(ə)sən]	咳止め	
☐ **cold medicine** [kould méd(ə)sən]	風邪薬	
☐ **digestive aid** [daidʒéstiv eid]	消化薬	
☐ **binding medicine** [báindiŋ méd(ə)sən]	下痢止め	
☐ **laxative** [lǽksətiv]	便秘薬(下剤)	
☐ **antiseptic** [æntiséptik]	消毒液	防腐剤
☐ **ointment** [ɔ́intmənt]	傷薬(軟膏)	
☐ **sticking plaster** [stíkiŋ plǽstər]	絆創膏	
☐ **compress** [kámpres]	湿布	

病気

腐った食事で起こす **food poisoning**（フードポイゾニング）

酒の依存で引き起こす **alcoholic**（アルコホ(ー)リク）

人生を不幸に陥れる麻薬の **addiction**（アディクション）

仕事のし過ぎでなる **workaholic**（ワ～カホ(ー)リク）

栄養不足でなる **malnutrition**（マルニュートゥリション）

腸の機能低下による **constipation**（カンスティペイション）

トイレに駆け込む **diarrhea**（ダイアリーア）

食べすぎで起こす **indigestion**（インディチェスチョン）

暴飲暴食でなる急性の **gastritis**（ギャストライティス）

極度のストレスからなる **ulcer**（アルサァ）

杉の花粉でかかる **pollinosis**（ポリノノウシス）

風邪をこじらせてなる **pneumonia**（ニュ(ー)モウニャ）

飽食が過ぎるとなる **diabetes**（ダイアビーティス）

脳の血管が切れてなる **stroke**（ストゥロウク）

40

☐ **food poisoning** [fu:d pɔ́iz(ə)niŋ]	食中毒	
☐ **alcoholic** [ælkəhɔ́(:)lik]	アルコール中毒	アルコール中毒患者 形 アルコール中毒の
☐ **addiction** [ədíkʃən]	中毒	常用癖 熱中
☐ **workaholic** [wə̀ːrkəhɔ́(:)lik]	仕事中毒	仕事中毒の人
☐ **malnutrition** [mæln(j)u:tríʃən]	栄養失調	栄養不良
☐ **constipation** [kànstəpéiʃən]	便秘	
☐ **diarrhea** [dàiərí:ə]	下痢	
☐ **indigestion** [indədʒéstʃən]	消化不良	胃弱 知的不消化
☐ **gastritis** [gæstráitəs]	胃炎	
☐ **ulcer** [ʎlsər]	かいよう	
☐ **pollinosis** [pàlənóusis]	花粉症	
☐ **pneumonia** [n(j)u(:)móunjə]	肺炎	
☐ **diabetes** [dàiəbí:tis]	糖尿病	
☐ **stroke** [strouk]	脳卒中	打つこと 一かき(水泳などの)

伝染病

未開地域で蔓延する **plague**〔プレイグ〕

世界中に広がる **epidemic**〔エピデミック〕

胸がむかつく **nausea**〔ノーズィア〕

全身に吹き出る **rash**〔ラッシ〕

定期的に起こす **spasm**〔スパズム〕

神経障害による **paralysis**〔パラリスィス〕

病気で悪化する **symptom**〔スィン(プ)トン〕

空気でうつる **aerial infection**〔エ(ア)リアル インフェクション〕

直接触れてうつる **contact infection**〔カンタクト インフェクション〕

伝染病を未然に防ぐ **prevention**〔プリヴェンション〕

伝染病から身を守る **vaccination**〔ヴァクスィネイション〕

予防接種で打つ **injection**〔インチェクション〕

見込みのない病気の **convalescence**〔カンヴァレセンス〕

回復しても残る **aftereffect**〔アフタリフェクト〕

41

☐ **plague** [pleig]	伝染病	疫病
☐ **epidemic** [èpədémik]	伝染病(広域に広がる)	
☐ **nausea** [nɔ́:ziə]	吐き気	
☐ **rash** [ræʃ]	吹き出物	発疹 あせも
☐ **spasm** [spǽzm]	発作	けいれん ひきつけ
☐ **paralysis** [pərǽləsis]	麻痺	中風 無力
☐ **symptom** [sím(p)təm]	症状	兆候 きざし
☐ **aerial infection** [ɛ́(ə)riəl inférkʃən]	空気感染	
☐ **contact infection** [kántækt inférkʃən]	接触感染	
☐ **prevention** [privénʃən]	予防	防止
☐ **vaccination** [væksənéiʃən]	予防接種	種痘 ワクチン注射
☐ **injection** [indʒékʃən]	注射	注射液
☐ **convalescence** [kànvəlés(ə)ns]	回復	回復後
☐ **aftereffect** [ǽftərifèkt]	後遺症	副作用 なごり

病院

コップに採取する **urine**（ユ(ア)リン）

宿便を排泄するための **enema**（エネマ）

コレステロールで詰まる **blood vessel**（ブラッドヴェッスル）

腕に針を刺す **syringe**（スィリンヂ）

胎児の大きさを検査する **ultrasound exam**（アルトゥラサウンドイグザム）

結核の検査に使う **X-ray**（エクスレイ）

胃を検査する **gastroscope**（ギャストゥロスコウプ）

全身に転移する **cancer cells**（キャンサァセルズ）

ガンの治療に投与する **anticancer**（アンティキャンサァ）

手術を行う完備された **operating room**（アペレイティングル(ー)ム）

手術前に打つ **anesthesia**（アネススィージャ）

静脈に打つ **intravenous solution**（イントゥラビーナスソルーション）

手術で使うシャープな **scalpel**（スキャルペル）

停止した呼吸を助ける **artificial respiration**（アーティフィシャルレスピレイション）

42

☐ **urine** [júə)rin]	尿	小便
☐ **enema** [énəmə]	浣腸	
☐ **blood vessel** [blʌd vésl]	血管	
☐ **syringe** [siríndʒ]	注射器	動注射する
☐ **ultrasound exam** [ʌ́ltrəsàund igzǽm]	超音波検査	
☐ **X-ray** [éksrèi]	レントゲン	動レントゲン写真を撮る
☐ **gastroscope** [gǽstrəskòup]	胃カメラ	
☐ **cancer cells** [kǽnsər selz]	ガン細胞	
☐ **anticancer** [æ̀ntikǽnsər]	抗ガン剤	
☐ **operating room** [ɑ́pərèitiŋ ru(:)m]	手術室	
☐ **anesthesia** [æ̀nəsθíːʒə]	麻酔	無感覚
☐ **intravenous solution** [ìntrəvíːnəs səlúːʃən]	点滴	
☐ **scalpel** [skǽlp(ə)l]	メス	
☐ **artificial respiration** [ɑ̀ːrtəfíʃəl rèspəréiʃən]	人工呼吸	

出産

定期的にくる **menstruation** (メンストゥルエイシャン)

月経が止まってわかる **pregnancy** (プレグナンスィ)

産婦人科で受ける **diagnosis** (ダイアグノウスィス)

尿による妊娠の **inspection** (インスペクション)

赤ちゃんが宿る **womb** (ウーム)

まだ1カ月の **embryo** (エンブリオウ)

ママが食事からとる十分な **nutrition** (ニュートゥリション)

おなかですくすく育つ **fetus** (フィータス)

出産直前に起こる **labor** (レイバァ)

予定どおりの **childbirth** (チャイルドゥバ〜ス)

難産で行う **caesarean** (スィゼ(ア)リアン)

オギノ式による **contraception** (カントゥラセプション)

願わない妊娠で行う **abortion** (アボーション)

胎児を亡くす **miscarriage** (ミスキャリヂ)

43

☐ **menstruation** [mènstruéiʃən]	月経	
☐ **pregnancy** [prégnənsi]	妊娠	
☐ **diagnosis** [dàiəgnóusis]	診断	診断書 調査
☐ **inspection** [inspékʃən]	検査	
☐ **womb** [wu:m]	子宮	
☐ **embryo** [émbriòu]	胎児(2ヵ月までの)	
☐ **nutrition** [n(j)u:tríʃən]	栄養	
☐ **fetus** [fí:təs]	胎児(3ヵ月までの)	
☐ **labor** [léibər]	陣痛	労働 動労働する
☐ **childbirth** [tʃáildbə̀:rθ]	出産	
☐ **caesarean** [sizé(ə)riən]	帝王切開	
☐ **contraception** [kàntrəsépʃən]	避妊	
☐ **abortion** [əbɔ́:rʃən]	中絶	
☐ **miscarriage** [mìskǽridʒ]	流産	早産 失策

専門医

設備の充実した **general hospital**
ヂェネラル ハスピトゥル

内臓疾患専門の **internal medicine**
インタ~ヌル メデ(ィ)スン

出産専門の **obstetrics**
オブステトゥリクス

女性専門の **gynecology**
ガイネカロヂィ

子供専門の **pediatrics**
ピーディアトゥリクス

目専門の **ophthalmology**
アフサルマロヂィ

骨折を治療する **orthopedics**
オーソピーディクス

アトピーを治療する **dermatology**
ダ~マトロヂィ

ノイローゼを治療する **neurology**
ニュ(ア)ラロヂィ

顔などの整形をする **cosmetic plastic surgery**
カズメティク プラスティク サ~ヂ(ェ)リィ

精神病を治療する **mental hospital**
メントゥル ハスピトゥル

動物を治療する **veterinary hospital**
ヴェテリネリィ ハスピトゥル

骨の矯正をする **chiropractic**
カイ(ア)ロプラクティク

鍼で治療する **acupuncture**
アキュパンクチャ

44

☐ **general hospital** [dʒénərəl háspitl]	総合病院
☐ **internal medicine** [intə́ːrnl méd(ə)sin]	内科
☐ **obstetrics** [əbstétriks]	産科
☐ **gynecology** [gàinəkálədʒi]	婦人科
☐ **pediatrics** [pìːdiǽtriks]	小児科
☐ **ophthalmology** [àfθəlmálədʒi]	眼科
☐ **orthopedics** [ɔ̀ːrθəpíːdiks]	整形外科
☐ **dermatology** [də̀ːrmətálədʒi]	皮膚科
☐ **neurology** [n(j)u(ə)rálədʒi]	神経科
☐ **cosmetic plastic surgery** [kazmétik plǽstik sə́ːrdʒ(ə)ri]	美容整形外科
☐ **mental hospital** [méntl háspitl]	精神病院
☐ **veterinary hospital** [vétərənèri háspitl]	動物病院
☐ **chiropractic** [kài(ə)rəprǽktik]	カイロプラクティック
☐ **acupuncture** [ǽkjupʌ̀ŋktʃər]	鍼治療

死

汚職官僚という高官の **dishonor** (ディスアナァ)

服毒による **suicide** (ス(ュ)ーイサイド)

家族にあてた **testament** (テスタメント)

現場に残された高官の **belongings** (ビロ(ー)ンギングズ)

警察に運ばれた **corpse** (コープス)

警察での遺体の **autopsy** (オータプスィ)

しめやかに行われる **funeral ceremony** (フューネラル セレモニィ)

参列者が身にまとう **mourning** (モーニング)

ご遺体が入った **coffin** (コ(ー)フィン)

出棺前の最後の **farewell** (フェアウェル)

棺を運ぶ **hearse** (ハ～ス)

遺体が埋められる **cemetery** (セミテリィ)

墓地に建つ **grave** (グレイヴ)

年々増える自殺による **mortality** (モータリティ)

45

☐ **dishonor** [disánər]	不名誉	恥辱
☐ **suicide** [s(j)úːəsàid]	自殺	自殺者 自殺行為
☐ **testament** [téstəmənt]	遺書	遺言
☐ **belongings** [bilɔ́(ː)ŋiŋz]	所持品(複数形で)	持ち物 財産
☐ **corpse** [kɔːrps]	遺体	死体
☐ **autopsy** [ɔ́ːtɑpsi]	検死(解剖)	死体解剖
☐ **funeral ceremony** [fjúːn(ə)rəl sérəmòuni]	告別式	
☐ **mourning** [mɔ́ːrniŋ]	喪服	
☐ **coffin** [kɔ́(ː)fin]	棺	ひつぎ
☐ **farewell** [fɛ̀ərwél]	別れ(文語的)	別れの挨拶
☐ **hearse** [həːrs]	霊柩車	
☐ **cemetery** [sémətèri]	共同墓地	
☐ **grave** [greiv]	墓	
☐ **mortality** [mɔːrtǽləti]	死亡率	死亡数

大学

大学合格による **matriculation** (マトゥリキュレイション)

大学に納める **tuition** (テューイション)

国の援助による **scholarship** (スカラシップ)

学期末に提出する **term paper** (タームペイパァ)

学期末に行われる **final** (ファイヌル)

試験で評価される **grade** (グレイド)

成績が記入された **report card** (リポートカード)

教育課程を経て選択する **major** (メイヂァ)

就職活動で提出する **transcript** (トゥランスクリプト)

卒業前に提出する **graduation thesis** (グラヂュエイション スィースィス)

卒業で取得する **bachelor's degree** (バチェラァズ ディグリー)

講堂で行われる **commencement** (コメンスメント)

卒業式に受け取る **diploma** (ディプロウマ)

大学院で取得する **doctorate** (ダクトリト)

46

□ **matriculation** [mətrìkjuléiʃən]	大学入学許可	
□ **tuition** [t(j)u:íʃən]	授業料	教授 授業
□ **scholarship** [skálərʃìp]	奨学金	
□ **term paper** [tə:rm péipər]	学期末レポート	
□ **final** [fáinl]	学期末テスト	決勝戦 形最終の
□ **grade** [greid]	成績	等級 学年
□ **report card** [ripó:rt kɑ:rd]	通知表	
□ **major** [méidʒər]	専攻	動専攻する 形専攻の
□ **transcript** [trǽnskript]	成績証明書	写し
□ **graduation thesis** [grædʒuéiʃən θí:sis]	卒業論文	
□ **bachelor's degree** [bǽtʃ(ə)lərz digrí:]	学士号	
□ **commencement** [kəménsmənt]	卒業式	始まり 開始
□ **diploma** [diplóumə]	卒業証書	
□ **doctorate** [dákt(ə)rit]	博士号	

学生生活

アルバイトで稼ぐ **school expenses**

親からの **remittance**

授業の復習と **preparation**

学生時代に取得する **qualification**

大学構内で行われる **job festival**

説明会で受ける各企業の **explanation**

選択に迷う様々な **profession**

大学卒業の記念すべき **yearbook**

思い出深い自分の **alma mater**

同期に卒業した **alumnus**

同期卒業生の **directory**

卒業後に開く **reunion**

大学よりレベルの高い **graduate school**

牧師になるための **seminary**

47

☐ **school expenses** [skuːl ikspénsiz]	学費	
☐ **remittance** [rimít(ə)ns]	送金	
☐ **preparation** [prèpəréiʃən]	予習	用意 準備
☐ **qualification** [kwàləfəkéiʃən]	資格	免許状 資格証明書
☐ **job festival** [dʒɑb féstəvəl]	就職説明会	
☐ **explanation** [èksplənéiʃən]	説明	弁解
☐ **profession** [prəféʃən]	職業 (知的・専門的な職業)	
☐ **yearbook** [jíərbùk]	卒業アルバム	年鑑 年報
☐ **alma mater** [ǽlmə mɑ́ːtər]	母校	
☐ **alumnus** [əlʌ́mnəs]	同窓生	卒業生
☐ **directory** [diréktəri]	人名簿	住所氏名録
☐ **reunion** [rìːjúːnjən]	クラス会	再会 親睦会
☐ **graduate school** [grǽdʒuət skuːl]	大学院	
☐ **seminary** [sémənèri]	神学校	

図書館

きれいに揃えられた本の **spine**〔スパイン〕

美しい一冊ごとの **binding**〔バインディング〕

文学作品の **the complete works**〔コンプリートワ～クス〕

歴史に残る不朽の **masterpiece**〔マスタピース〕

犯罪捜査をテーマにした **detective story**〔ディテクティヴストーリィ〕

偉人について書かれた **biography**〔バイアグラフィ〕

自分の生涯を記した **autobiography**〔オートバイアグラフィ〕

映画の良し悪しを決める **script**〔スクリプト〕

あらゆる知識を網羅した **encyclopedia**〔エンサイクロピーディア〕

写真家による **photograph collection**〔フォウトグラフコレクション〕

子供たちのための **picture book**〔ピクチャブック〕

学者によって書かれた学術 **thesis**〔スィースィス〕

館内に保管された豊富な **material**〔マティ(ア)リアル〕

後世に残された公的な **document**〔ダキュメント〕

120

48

☐ **spine** [spain]	背表紙	背骨 脊柱
☐ **binding** [báindiŋ]	装丁	製本 表紙
☐ **the complete works** [kəmplíːt wəːrks]	全集	
☐ **masterpiece** [mǽstərpìːs]	名作	傑作
☐ **detective story** [ditéktiv stɔ́ːri]	推理小説	
☐ **biography** [baiágrəfi]	伝記	
☐ **autobiography** [ɔ̀ːtəbaiágrəfi]	自伝	自叙伝
☐ **script** [skript]	脚本	台本 手書き
☐ **encyclopedia** [insàikləpíːdiə]	百科事典	
☐ **photograph collection** [fóutəgræf kəlékʃən]	写真集	
☐ **picture book** [píktʃər buk]	絵本	
☐ **thesis** [θíːsis]	論文	修士論文 論題
☐ **material** [mətí(ə)riəl]	資料	原料 形 物質の
☐ **document** [dákjumənt]	文書 (証拠書類・公的記録などの)	書類 記録

学問

人生の根本原理を探究する **philosophy**(フィラソフィ)

政治現象の解明と分析をする **politics**(パリティクス)

人類の生態を研究する **anthropology**(アンスロパロディ)

古代人類の文化を研究する **archaeology**(アーキアロディ)

経済現象の法則を研究する **economics**(イーコナミクス)

人体の構造を研究する **anatomy**(アナトミィ)

人間の心理を研究する **psychology**(サイカロディ)

生物を研究する **biology**(バイアロディ)

植物の生態を研究する **botany**(バタニィ)

地球の特性を研究する **geography**(ヂアグラフィ)

天体を研究する **astronomy**(アストゥラノミィ)

物質の多様な現象を研究する **physics**(フィズィクス)

物質の性質を研究する **chemistry**(ケミストゥリィ)

電子や電磁現象を研究する **electronics**(イレクトゥラニクス)

49

☐ **philosophy** [filásəfi]	哲学	人生観
☐ **politics** [pálətiks]	政治学	政治 政策
☐ **anthropology** [æ̀nθrəpálədʒi]	人類学	
☐ **archaeology** [à:rkiálədʒi]	考古学	
☐ **economics** [i:kənámiks]	経済学	
☐ **anatomy** [ənǽtəmi]	解剖学	解剖
☐ **psychology** [saikálədʒi]	心理学	
☐ **biology** [baiálədʒi]	生物学	
☐ **botany** [bátəni]	植物学	
☐ **geography** [dʒiágrəfi]	地理学	地理 地形
☐ **astronomy** [əstránəmi]	天文学	
☐ **physics** [fíziks]	物理学	
☐ **chemistry** [kémistri]	化学	相性 人間関係
☐ **electronics** [ilektrániks]	電子工学	

キリスト教

アダムとイブによる人類の **degeneration**〔ディヂェネレイション〕

エデンの園からの **expulsion**〔イクスパルション〕

それ以後の人類の **wandering**〔ワンダリング〕

ノアの箱船による **flood**〔フラッド〕

エジプト人による偶像の **cult**〔カルト〕

ユダヤ民族のエジプトからの **escape**〔エスケイプ〕

モーゼ率いるユダヤ民族の **roaming**〔ロウミング〕

ユダヤ民族が待ち望むキリストの **Advent**〔アドゥヴェント〕

予言者によるキリスト降臨の **prophecy**〔プラフェスィ〕

待望のキリストの **appearance**〔アピ(ア)ランス〕

神に捧げるイエスの **prayer**〔プレア〕

パウロのユダヤ教からの **conversion**〔コンヴァ〜ジョン〕

世界に伝わるイエスの **doctrine**〔ダクトゥリン〕

ルターによる **the Reformation**〔レフォメイション〕

50

☐ **degeneration** [didʒènəréiʃən]	堕落	退歩 退化
☐ **expulsion** [ikspʌ́lʃən]	追放	除名
☐ **wandering** [wánd(ə)riŋ]	放浪	形放浪の
☐ **flood** [flʌd]	洪水	氾濫 動氾濫させる
☐ **cult** [kʌlt]	崇拝	礼拝 儀式
☐ **escape** [iskéip]	脱出	動逃げる 動逃れる
☐ **roaming** [róumiŋ]	流浪	
☐ **Advent** [ǽdvent]	降臨(キリストの)	
☐ **prophecy** [práfəsi]	予言(霊感による)	
☐ **appearance** [əpí(ə)rəns]	出現	外観 現れること
☐ **prayer** [prɛər]	祈り	祈願 祈りの言葉
☐ **conversion** [kənvə́:rʒən]	改宗	転換 改変
☐ **doctrine** [dáktrin]	教義	教理 主義
☐ **the Reformation** [rèfərméiʃən]	宗教改革(16世紀の)	

新聞

社会に絶大な影響力を持つ **journal**
<ruby>チャーヌル</ruby>

一流紙に要求される新聞の **credibility**
<ruby>クレディビリティ</ruby>

新聞で重要な **front page**
<ruby>フラントペイヂ</ruby>

記事の中で目に飛び込んでくる **headline**
<ruby>ヘドゥライン</ruby>

読者を引きつける **cover story**
<ruby>カヴァストーリィ</ruby>

新聞社の顔とも言える **editorial**
<ruby>エディトーリアル</ruby>

新聞社が競う最新の **coverage**
<ruby>カヴァレヂ</ruby>

国会議員の資産の **publication**
<ruby>パブリケイション</ruby>

政治家を皮肉った **cartoon**
<ruby>カートゥーン</ruby>

文芸欄での出版物の **critique**
<ruby>クリティーク</ruby>

新聞下段の **classified ad**
<ruby>クラスィファイド アッド</ruby>

読者の悩みを扱う **agony column**
<ruby>アゴニィ カラム</ruby>

三面の隅に掲載される **obituary**
<ruby>オビチュエリィ</ruby>

一日に発行する新聞の **circulation**
<ruby>サーキュレイション</ruby>

51

単語	意味1	意味2
journal [dʒɚːrnl]	新聞	定期刊行物 / 日記
credibility [krèdəbíləti]	信頼性	信用 / 信用できること
front page [frʌnt peidʒ]	第一面	
headline [hédlàin]	見出し	
cover story [kʌ́vɚr stɔ́ːri]	特集記事	
editorial [èdətɔ́ːriəl]	社説	形 編集の / 形 社説の
coverage [kʌ́v(ə)ridʒ]	報道	補償(保険の) / 補償額
publication [pʌ̀bləkéiʃən]	公表	出版 / 出版物
cartoon [kɑːrtúːn]	時事漫画	漫画映画 / アニメ
critique [kritíːk]	批評(思想・文芸などの)	評論
classified ad [klǽsəfàid æd]	項目別広告	
agony column [ǽgəni kɑ́ləm]	身の上相談欄	
obituary [əbítʃuèri]	死亡記事	
circulation [sɚ̀ːrkjuléiʃən]	発行部数	循環 / 流通

メディア

報道陣を集めての **press conference**

テレビが一斉に流す **bulletin**

衛星によって送られる **transmission via satellite**

テレビ局が入手したホットな **update**

スキャンダルに対するマスコミの **feeding frenzy**

メディアが求める最新の **intelligence**

メディアが行う自発的な **self-imposed control**

メディアが独自で行う疑惑の **inquiry**

メディアが行う通行人への **questionnaire**

通信機器の発達による **information-intensive society**

各新聞社に記事を配信する **wire service**

新聞の漫画を配信する **syndicate**

インターネットで行うニュースの **retrieval**

新聞に挟まれてくる大量の **insert**

52

☐ **press conference** [pres kánf(ə)rəns]	記者会見	
☐ **bulletin** [búlət(i)n]	ニュース速報	公報 会報
☐ **transmission via satellite** [trænsmíʃən váiə sǽtəlàit]	衛星中継	
☐ **update** [ʌpdéit]	最新情報	動最新のものにする
☐ **feeding frenzy** [fíːdiŋ frénzi]	過熱報道	
☐ **intelligence** [intélədʒəns]	情報	知能 知識
☐ **self-imposed control** [sélfimpóuzd kəntróul]	自主規制	
☐ **inquiry** [inkwái(ə)ri]	調査	問い合わせ 質問
☐ **questionnaire** [kwèstʃənέər]	アンケート	質問表
☐ **information-intensive society** [ìnfərméiʃən inténsiv səsáiəti]	情報化社会	
☐ **wire service** [wáiər sə́ːrvis]	通信社	
☐ **syndicate** [síndikit]	新聞雑誌記事配給業	企業連合
☐ **retrieval** [ritríːvəl]	検索	回復 復旧
☐ **insert** [insə́ːrt]	折り込み広告	動挿入する

129

職業

団体旅行に添乗する **courier**〔クーリア〕

プライベートに勉強を教える **tutor**〔テュータァ〕

ニュースの司会を務める **anchorman**〔アンカァーマン〕

森林を警備する **ranger**〔レインヂャ〕

診療所で診察する **practitioner**〔プラクティショナァ〕

NASAに乗り込む **astronaut**〔アストゥロノート〕

公共機関で働く **servant**〔サ〜ヴァント〕

大学で教鞭をとる **professor**〔プロフェサァ〕

化学薬品を開発する **chemist**〔ケミスト〕

外国と政治交渉をする **diplomat**〔ディプロマト〕

外交使節としての **ambassador**〔アンバサダァ〕

アメリカ議会で活躍する **senator**〔セネタァ〕

大統領を支える **aide**〔エイド〕

ドイツ最高責任者の **chancellor**〔チャンセラァ〕

53

☐ **courier** [kúriər]	ガイド	世話係 添乗員
☐ **tutor** [t(j)úːtər]	家庭教師	動 個人指導をする
☐ **anchorman** [ǽŋkərmæn]	ニュースキャスター	
☐ **ranger** [réindʒər]	森林巡視員	レーンジャー
☐ **practitioner** [præktíʃənər]	開業医	弁護士
☐ **astronaut** [ǽstrənɔ̀ːt]	宇宙飛行士	
☐ **servant** [sə́ːrvənt]	公務員	召し使い 使用人
☐ **professor** [prəfésər]	教授	
☐ **chemist** [kémist]	化学者	
☐ **diplomat** [dípləmæt]	外交官	
☐ **ambassador** [æmbǽsədər]	大使	特使 使節
☐ **senator** [sénətər]	上院議員	
☐ **aide** [eid]	補佐官	助手
☐ **chancellor** [tʃǽns(ə)lər]	首相 (ドイツ・オーストリアの)	大臣(イギリスの)

人の位置①

伝統を重んじる **conservative**（コンサ〜ヴァティヴ）

月々の年金を受け取る **pensioner**（ペンショナァ）

劇場でショーを鑑賞する **spectator**（スペクテイタァ）

会社に電車で出勤する **commuter**（コミュータァ）

広い土地を所有する **landlord**（ラン(ドゥ)ロード）

ボランティアの会を代表する **delegate**（デレゲト）

オリンピックに参加する **athlete**（アスリート）

会社の入り口で応対する **receptionist**（リセプショニスト）

次々に会社を起こす **entrepreneur**（アーントゥレプレナ〜）

金の返済を請求する **creditor**（クレディタァ）

会社役員としての **trustee**（トゥラスティー）

バリバリ仕事をこなす **incumbent**（インカンベント）

権威主義的な **bureaucrat**（ビュ(ア)ロクラト）

軍隊の前線で指揮する **sergeant**（サーヂェント）

54

☐ **conservative** [kənsə́:rvətiv]	保守的な人	形 保守的な 形 保守主義の
☐ **pensioner** [pénʃənər]	年金受給者	
☐ **spectator** [spékteitər]	観客	見物人
☐ **commuter** [kəmjú:tər]	通勤者	
☐ **landlord** [lǽn(d)lɔ̀:rd]	地主	主人 家主
☐ **delegate** [déligit]	代表者	使節
☐ **athlete** [ǽθli:t]	運動選手	
☐ **receptionist** [risépʃənist]	受付係 (会社・ホテルなどの)	
☐ **entrepreneur** [à:ntrəprəné:r]	起業家	
☐ **creditor** [kréditər]	債権者	
☐ **trustee** [trʌstí:]	理事	受託人 評議員
☐ **incumbent** [inkʌ́mbənt]	現職者(文語的)	
☐ **bureaucrat** [bjú(ə)rəkræt]	官僚(ふつう軽蔑的に)	官僚主義
☐ **sergeant** [sá:rdʒənt]	軍曹	巡査部長

人の位置②

ゴルフを始めたばかりの **apprentice**〔アプレンティス〕

深夜にバカ騒ぎをする **nuisance**〔ニュースンス〕

小心でいつもビクビクしている **coward**〔カウアド〕

国を熱愛する **patriot**〔ペイトゥリオト〕

人の業務を代理する **deputy**〔デピュティ〕

組織を代表する **representative**〔レプリゼンタティヴ〕

仕事を以前に担当していた **predecessor**〔プレデセサァ〕

仕事を厳しく命令する **superior**〔ス(ュ)(ー)ピ(ア)リア〕

仕事を適当にサボる **subordinate**〔サボーディネト〕

同じ会社で働く **colleague**〔カリーグ〕

ゴルフを楽しく行う **comrade**〔カムラド〕

行動を共にする **buddy**〔バディ〕

生涯を共にする **mate**〔メイト〕

試合で対抗する **opponent**〔オポウネント〕

55

apprentice [əpréntis]	初心者	徒弟 / 見習い
nuisance [n(j)ú:sns]	迷惑な人	迷惑
coward [káuərd]	臆病者	卑怯者
patriot [péitriət]	愛国者	
deputy [dépjuti]	代理人	代表者
representative [rèprizéntətiv]	代表者	下院議員 / 形代表の
predecessor [prédəsèsər]	前任者	先輩
superior [s(j)u(:)pí(ə)riər]	上司	形優れた / 形上の
subordinate [səbɔ́:rdənit]	部下	下級者 / 形下位の
colleague [káli:g]	同僚	仲間
comrade [kámræd]	仲間	同志 / 同業者
buddy [bʌ́di]	相棒	仲間 / 親友
mate [meit]	配偶者	友達 / 片方
opponent [əpóunənt]	相手(試合・議論などの)	形反対の / 形敵対する

聖職者

人類の救済のために降臨する **savior**

キリストの降臨を予言する **prophet**

キリストに仕える12人の **disciple**

キリストを信じる **believer**

キリストに群がる **throng**

神に命を捧げる **clergyman**

キリストの教えを伝える **clergy**

バチカン宮殿に住む **pope**

カトリックの司教区を管理する **bishop**

教会で祭事を司どる **priest**

イスラエルの聖地に巡礼する **pilgrim**

キリスト教会に所属する一般の **laity**

宗教や国を越えて愛を注ぐ **philanthropist**

人を立派に育てる **mentor**

56

☐ **savior** [séivjər]	救世主	救済者
☐ **prophet** [práfit]	予言者	代弁者 提唱者
☐ **disciple** [disáipl]	弟子	門人 信奉者
☐ **believer** [bilí:vər]	信者	信じる人
☐ **throng** [θrɔ́(:)ŋ]	群衆	人の群れ 動押し寄せる
☐ **clergyman** [klə́:rdʒimən]	聖職者	牧師
☐ **clergy** [klə́:rdʒi]	聖職者(集合的に)	
☐ **pope** [poup]	法王	ローマ教皇
☐ **bishop** [bíʃəp]	司教	
☐ **priest** [pri:st]	祭司	聖職者
☐ **pilgrim** [pílgrim]	巡礼者	聖地参拝者
☐ **laity** [léiəti]	平信徒	
☐ **philanthropist** [fəlǽnθrəpist]	博愛主義者	慈善家
☐ **mentor** [méntər]	よき指導者	

人…犯罪

他国を侵略する **aggressor**（アグレサァ）

戦乱を逃れ移動する **refugee**（レフュチー）

農地を失う **peasant**（ペザント）

海を渡って移り住む **immigrant**（イミグラント）

罪を犯す **offender**（オフェンダァ）

犯罪を共謀する **confederate**（コンフェデレト）

刑務所で服役する **convict**（コンヴィクト）

刑務所を脱獄した **fugitive**（フューチティヴ）

民衆を弾圧する **dictator**（ディクテイタァ）

プラカードを手に抗議する **protester**（プロテスタァ）

国に対して謀反を起こす **rebel**（レベル）

密林に潜伏する **guerrilla**（ゲリラ）

市街で略奪を繰り返す **mob**（マブ）

暴動に巻き込まれる **dweller**（ドゥウェラァ）

57

aggressor [əgrésər]	侵略者	
refugee [rèfjudʒíː]	難民	亡命者 逃亡者
peasant [péz(ə)nt]	農民	小作農 教養のない人
immigrant [íməgrənt]	移住者(外国からの)	移民
offender [əféndər]	犯罪者	違反者
confederate [kənfédərət]	共犯者	連合国 同盟国
convict [kənvíkt]	囚人	罪人
fugitive [fjúːdʒətiv]	逃亡者	脱走者 避難民
dictator [díkteitər]	独裁者	
protester [prətéstər]	抗議者	主張者
rebel [rébəl]	反逆者	
guerrilla [gərílə]	ゲリラ	遊撃兵
mob [mɑb]	暴徒	暴民 野次馬
dweller [dwélər]	住人	

人…裁判

動物を乱獲する **poacher**（ポウチァ）

身ぐるみ一切を奪う **mugger**（マガァ）

夜間専門に盗みを働く **burglar**（バ〜グラァ）

子供を誘拐する **kidnap(p)er**（キドゥナパァ）

ゲリラに身柄を拘束された **hostage**（ハスティヂ）

殺しのプロである **assassin**（アサスィン）

裁判に訴える **plaintiff**（プレインティフ）

民事で訴えられた **defendant**（ディフェンダント）

刑事事件で訴えられた **the accused**（アキューズド）

被告を追及する **prosecutor**（プラスィキュータァ）

証人として出廷する **eyewitness**（アイウィトゥネス）

証言に聞き入る **juror**（ヂュ(ア)ラァ）

被告の弁護を行う **counselor**（カウンスラァ）

極刑を下された **felon**（フェロン）

58

☐ **poacher** [póutʃər]	密猟者	密漁者
☐ **mugger** [mʌ́gər]	追いはぎ	強盗
☐ **burglar** [bə́:rglər]	泥棒(夜間に盗む)	
☐ **kidnap(p)er** [kídnæpər]	誘拐者	
☐ **hostage** [hástidʒ]	人質	
☐ **assassin** [əsǽsin]	暗殺者	刺客
☐ **plaintiff** [pléintif]	原告	
☐ **defendant** [diféndənt]	被告(民事)	
☐ **the accused** [əkjú:zd]	被告(刑事)	
☐ **prosecutor** [prásikjù:tər]	検察官	検事
☐ **eyewitness** [áiwítnis]	目撃者	目撃証人
☐ **juror** [dʒú(ə)rər]	陪審員	
☐ **counselor** [káuns(ə)lər]	法廷弁護士	カウンセラー
☐ **felon** [félən]	重罪犯人	

人…内面

人には食べ物に対しての **gratitude**(グラティテュード) が必要

人には目上に対しての **esteem**(イスティーム) が必要

母親には子供に対しての **warmth**(ウォームス) が必要

大人には物事に対しての **discretion**(ディスクレション) が必要

人間には社会生活での **ethics**(エスィクス) が必要

町内会長には住民の **prestige**(プレスティージ) が必要

教育者には燃えるような **zeal**(ズィール) が必要

社長には堂々とした **posture**(パスチュア) が必要

論説委員には鋭い **insight**(インサイト) が必要

芸術家には光る **faculty**(ファカルティ) が必要

茶道家には正しい **courtesy**(カ〜テスィ) が必要

聖職者には神への **devotion**(ディヴォウション) が必要

僧侶には人々に対しての **mercy**(マ〜スィ) が必要

牧師には人々に対しての **tolerance**(タレランス) が必要

59

☐ **gratitude** [grǽtət(j)ùːd]	感謝	
☐ **esteem** [istíːm]	尊敬	動尊敬する
☐ **warmth** [wɔ́ːrmθ]	温かさ(心の)	思いやり 暖かさ
☐ **discretion** [diskréʃən]	思慮分別(文語的)	自由裁量 自由判断
☐ **ethics** [éθiks]	倫理観(複数形で)	倫理学 道義
☐ **prestige** [prestíːʒ]	信望	威信 体面
☐ **zeal** [ziːl]	熱意(文語的)	熱中 熱心
☐ **posture** [pástʃər]	態度	姿勢 心構え
☐ **insight** [ínsait]	洞察力	洞察 眼識
☐ **faculty** [fǽkəlti]	才能	機能 学部
☐ **courtesy** [kə́ːrtəsi]	礼儀	丁重さ 礼儀正しさ
☐ **devotion** [divóuʃən]	献身	専念 愛着
☐ **mercy** [mə́ːrsi]	慈悲	情け 哀れみ
☐ **tolerance** [tάl(ə)rəns]	寛容	寛大

人…心

好きな人に対して **apathy**(アパスィ) を装う

同性愛者に対して **bias**(バイアス) を持つ

派手な姿の少女に対して **prejudice**(プレヂュディス) を持つ

血液B型人間に対して **preconception**(プリーコンセプション) を持つ

厳しい親に対して **revolt**(リヴォウルト) を持つ

生まれ育った故郷に対して **nostalgia**(ナスタルヂア) を寄せる

不幸な人に対して **compassion**(コンパション) を寄せる

苦労する上司に対して **sympathy**(スィンパスィ) を感じる

飼い犬の死に対して **sorrow**(サロウ) を感じる

迷惑な客に対して **aversion**(アヴァ〜ジョン) を感じる

利己的な教師に対して **contempt**(コンテン(プ)ト) を感じる

頼りない主人に対して **disappointment**(ディサポイントゥメント) を感じる

無視されることに対して **isolation**(アイソレイション) を感じる

ガンの宣告に対して **distress**(ディストゥレス) を感じる

60

☐ **apathy** [ǽpəθi]	無関心	無感動
☐ **bias** [báiəs]	偏見	先入観 傾向
☐ **prejudice** [prédʒudis]	偏見	動 偏見を持たせる
☐ **preconception** [prìːkənsépʃən]	先入観	偏見
☐ **revolt** [rivóult]	反感	反乱 暴動
☐ **nostalgia** [nɑstǽldʒ(i)ə]	郷愁	懐古の情
☐ **compassion** [kəmpǽʃən]	哀れみ	同情
☐ **sympathy** [símpəθi]	同情	思いやり 同感
☐ **sorrow** [sárou]	悲しみ	悲しいこと
☐ **aversion** [əvə́ːrʒən]	嫌悪	反感 大嫌いな人
☐ **contempt** [kəntém(p)t]	軽蔑	屈辱 侮り
☐ **disappointment** [dìsəpɔ́intmənt]	失望	
☐ **isolation** [àisəléiʃən]	孤立	隔離 分離
☐ **distress** [distrés]	苦悩(文語的)	悩み 悲嘆

人…言葉

「絶対に金は返す！」と交わす **pledge**(プレッヂ) をする

陰でこそこそと話す **rumor**(ルーマァ) をする

遠まわしに意地悪く言う **sarcasm**(サーキャズム)

意見の対立で起こる **tangle**(タングル)

会議で出す新しい企画の **proposal**(プロポウザル)

文化人を集めて行う **forum**(フォーラム)

婦人に見えすいたことを口にする **rhetoric**(レトリック)

成功者に対して述べる心からの **compliment**(カンプリメント)

葬儀の列で家族に述べる **condolence**(コンドゥレンス)

朝礼で社員に述べる **salutation**(サリュテイション)

部下に教える成功の **recipe**(レスィピ(ー))

会社に対する不満からの **grievance**(グリーヴァンス)

内容を簡潔にまとめた **summary**(サマリィ)

小説の内容をまとめた **synopsis**(スィナプスィス)

61

☐ **pledge** [pledʒ]	固い約束	誓約 動 誓う
☐ **rumor** [rúːmər]	噂	
☐ **sarcasm** [sáːrkæzm]	皮肉	いやみ 風刺
☐ **tangle** [tǽŋgl]	口論	もつれ 動 もつれる
☐ **proposal** [prəpóuzəl]	提案	申し込み プロポーズ
☐ **forum** [fɔ́ːrəm]	座談会	公開討論の場
☐ **rhetoric** [rétərik]	美辞麗句(軽蔑的に)	ほめ言葉 お世辞
☐ **compliment** [kámpləmənt]	賛辞	
☐ **condolence** [kəndóuləns]	お悔やみ	
☐ **salutation** [sæljutéiʃən]	挨拶の言葉	
☐ **recipe** [résəpi(ː)]	秘訣	調理法
☐ **grievance** [gríːvəns]	不平	苦情
☐ **summary** [sʌ́m(ə)ri]	要約	形 手短な
☐ **synopsis** [sinápsis]	概要(小説・論文などの)	大意

人…性質

子供の狭い行動の **scope**〔スコウプ〕

少女が抱くスターへの **longing**〔ロ(ー)ンギング〕

学生に必要な文章の **comprehension**〔カンプリヘンション〕

女性に必要な痴漢に対する **caution**〔コーション〕

母親が持つ母性的な **instinct**〔インスティン(ク)ト〕

東北人の粘り強い **disposition**〔ディスポズィション〕

遅刻する人に足りない時間的な **notion**〔ノウション〕

ボクサーが勝ち取るリングでの **triumph**〔トゥライアンフ〕

刑事が大切にする **intuition**〔インテュ(ー)イション〕

麻薬患者が見る突飛な **illusion**〔イリュージョン〕

詐欺師の覆い隠された **malice**〔マリス〕

汚職官僚に問われる **humanity**〔ヒューマニティ〕

汚職でこうむる名誉の **eclipse**〔イクリプス〕

大統領が頭を抱える二者択一の **delusion**〔ディルージョン〕

scope [skoup]	範囲	
longing [lɔ́(:)ŋiŋ]	あこがれ (ふつう a をつけて)	切望 強い願望
comprehension [kàmprihénʃən]	理解力	読解力テスト
caution [kɔ́:ʃən]	用心	警告 動 警告する
instinct [ínstiŋ(k)t]	本能	
disposition [dispəzíʃən]	気質 (ふつう a をつけて)	性質 傾向
notion [nóuʃən]	観念	概念 意見
triumph [tráiəmf]	勝利	大成功 動 勝利を得る
intuition [ìnt(j)u:íʃən]	直感	幻覚
illusion [il(j)ú:ʒən]	幻想	
malice [mǽlis]	悪意	敵意 意地悪
humanity [hju:mǽnəti]	人間性	人間らしさ 人類
eclipse [iklíps]	失墜	衰退 食(月・太陽の)
delusion [dilú:ʒən]	迷い	惑わし 妄想

抽象

考えに考えを巡らす **consideration**〔コンスィダレイション〕

十分な根拠のないただの **speculation**〔スペキュレイション〕

勝利に対する絶対的な **conviction**〔コンヴィクション〕

話し合いによる意見の **concord**〔カンコード〕

離婚の原因になる性の **discord**〔ディスコード〕

メーカーがつける製品の **assurance**〔アシュ(ア)ランス〕

成功者が越えるべき幾多の **hardship**〔ハードゥシプ〕

相手に求める結婚の **consent**〔コンセント〕

人生に立ちはだかる様々な **drawback**〔ドゥローバク〕

人間が持つ喜怒哀楽の **emotion**〔エモウション〕

犯罪者が持つ自己中心的な **tendency**〔テンデンスィ〕

人間誰しも持っている性格的な **flaw**〔フロー〕

人間の信頼に不可欠な **integrity**〔インテグリティ〕

人類が求める差別のない **equality**〔イ(ー)クワリティ〕

63

☐ **consideration** [kənsidəréiʃən]	熟慮	考慮 思いやり
☐ **speculation** [spèkjuléiʃən]	推測	思索 投機
☐ **conviction** [kənvíkʃən]	確信	信念 説得力
☐ **concord** [káŋkɔːrd]	一致(意見などの)	協和音
☐ **discord** [dískɔːrd]	不一致(意見などの)	不協和音 不和
☐ **assurance** [əʃú(ə)rəns]	保証	確信 自信
☐ **hardship** [háːrdʃip]	苦難	困窮 難事
☐ **consent** [kənsént]	同意	承諾 動同意する
☐ **drawback** [drɔ́ːbæk]	障害	不利な点 欠点
☐ **emotion** [imóuʃən]	感情	情熱 感動
☐ **tendency** [téndənsi]	傾向	癖(〜する)
☐ **flaw** [flɔː]	欠点	ひび 欠陥
☐ **integrity** [intégrəti]	誠実	清廉 正直
☐ **equality** [i(ː)kwáləti]	平等	等しいこと

151

事務

就業時間を記録する **time sheet**（タイムシート）

事務仕事に必要な **office supplies**（オ(ー)フィス サプライズ）

事務作業を合理化する **office equipment**（オ(ー)フィス イクウィプメント）

会社に導入される大型の **apparatus**（アパラタス）

掲示物が貼られる **bulletin board**（ブレテ(ィ)ン ボード）

金銭と物品の出納に使う **slip**（スリップ）

商品の注文に使う **order form**（オーダァフォーム）

費用における支出の **breakdown**（ブレイクダウン）

経理上の財政状況を示す **balance sheet**（バランスシート）

業務につきまとう事務の **transaction**（トゥランサクション）

事務所での雑多な **clerical job**（クレリカル ヂャブ）

事務用品にかかる **expenses**（イクスペンスィズ）

オフィスビルの維持にかかる **upkeep**（アプキープ）

支払いを受けるための小切手の **endorsement**（エンドースメント）

64

英語	意味	
☐ **time sheet** [taim ʃi:t]	タイムカード	
☐ **office supplies** [ɔ́(:)fis səpláiz]	事務用品	
☐ **office equipment** [ɔ́(:)fis ikwípmənt]	事務用機器	
☐ **apparatus** [æpərǽtəs]	機器	装置 器具一式
☐ **bulletin board** [búlət(i)n bɔ:rd]	掲示板	
☐ **slip** [slip]	伝票	紙片 小片(木などの)
☐ **order form** [ɔ́:rdər fɔ:rm]	注文用紙	
☐ **breakdown** [bréikdàun]	明細書	破損 中断(交渉などの)
☐ **balance sheet** [bǽləns ʃi:t]	貸借対照表	
☐ **transaction** [trænsǽkʃən]	処理(the をつけて)	取引
☐ **clerical job** [klérikəl dʒɑb]	事務作業	
☐ **expenses** [ikspénsiz]	経費(複数形で)	費用
☐ **upkeep** [ʌ́pki:p]	維持費	維持 保存
☐ **endorsement** [indɔ́:rsmənt]	裏書き	

生産

原料を生産する南米の **place of origin**
_{プレイス (オ)ヴ オ(一)リヂン}

原産地から輸入された **raw material**
_{ロー マティ(ア)リアル}

製品の生産量を決める **rating**
_{レイティング}

部品を組み立てる **assembly plant**
_{アセンブリィプラント}

合理化された工場の **assembly line**
_{アセンブリィライン}

流れ作業による生産の **efficiency**
_{イフィシェンスィ}

製造過程で出る **defective merchandise**
_{ディフェクティヴ マ〜チ(ャ)ンダイズ}

検査で弾き出された **reject**
_{リーヂェクト}

製造機械の疲労による **malfunction**
_{マルファン(ク)ション}

工場で働く **labor**
_{レイバァ}

労働者が要求する快適な **working conditions**
_{ワ〜キングコンディションズ}

労働者のストによる **lockout**
_{ラカウト}

ストで被る利益の **disadvantage**
_{ディサドゥヴァンティヂ}

工場から直接販売される **outlet**
_{アウトゥレト}

65

☐ **place of origin** [pleis (ə)v ɔ(:)rədʒin]	原産地	
☐ **raw material** [rɔ: mətí(ə)riəl]	原料	
☐ **rating** [réitiŋ]	見積もり	評価 見積額
☐ **assembly plant** [əsémbli plænt]	組み立て工場	
☐ **assembly line** [əsémbli lain]	流れ作業	
☐ **efficiency** [ifíʃənsi]	能率	効率
☐ **defective merchandise** [diféktiv mə́:rtʃ(ə)ndàiz]	不良品	
☐ **reject** [rí:dʒekt]	不合格品	拒絶されたもの
☐ **malfunction** [mælfʌ́ŋ(k)ʃən]	故障(機械などの)	不調
☐ **labor** [léibər]	労働者	労働 動労働する
☐ **working conditions** [wə́:rkiŋ kəndíʃənz]	労働条件	
☐ **lockout** [lákàut]	工場閉鎖	締め出す
☐ **disadvantage** [dìsədvǽntidʒ]	損失	不利 不利益
☐ **outlet** [áutlèt]	工場直売店	出口 コンセント

小売り

市場に流通する **merchandise** (マーチ(ャ)ンダイズ)

市場に横行する **counterfeit goods** (カウンタフィットグッヅ)

バーゲンで目を引く **loss leader** (ロ(ー)スリーダァ)

バーゲンで付けられた **sale price** (セイルプライス)

市場で販売される **market price** (マーケットプライス)

店で売られる **retail price** (リーテイルプライス)

商品に定められた **regular price** (レギュラァプライス)

商品に表示された **list price** (リストプライス)

問屋で卸される **wholesale price** (ホウルセイルプライス)

売れ筋商品の **addition** (アディション)

在庫商品の **disposal** (ディスポウザル)

閉店で行う **liquidation sale** (リクウィデイションセイル)

商品管理に必要な **inventory** (インヴェントーリィ)

販売を独占する **monopoly** (モナポリィ)

☐ **merchandise** [mə́:rtʃ(ə)ndàiz]	商品(集合的に)	
☐ **counterfeit goods** [káuntərfit gudz]	まがいもの商品	
☐ **loss leader** [lɔ(:)s lí:dər]	目玉商品	
☐ **sale price** [seil prais]	特価	
☐ **market price** [má:rkit prais]	市価	
☐ **retail price** [rí:teil prais]	小売価格	
☐ **regular price** [régjulər prais]	正規価格	
☐ **list price** [list prais]	表示価格	
☐ **wholesale price** [hóulsèil prais]	卸売価格	
☐ **addition** [ədíʃən]	追加	付け足すこと 足し算
☐ **disposal** [dispóuz(ə)l]	処分(文語的)	売却 処理
☐ **liquidation sale** [lìkwidéiʃən seil]	店じまい一掃セール	
☐ **inventory** [ínvəntɔ̀:ri]	棚卸し表	在庫目録 財産目録
☐ **monopoly** [mənápəli]	専売権	独占権

企業

世界有数の **big business**

息絶え絶えの町工場の **small business**

会社が保有する **assets**

会社が抱える **liabilities**

会社運営に必要な **working capital**

銀行から借りる **borrowed capital**

企業買収で拡大する **capital increase**

資産の売却による **capital reduction**

営業にかかる **operating costs**

営業で得る **operating income**

新しく立ち上げる会社の **establishment**

外国企業と共同で事業を行う **merger**

株の買い占めによる会社の **takeover**

経営ミスによる会社の **bankruptcy**

67

☐ **big business** [big bíznis]	大企業	
☐ **small business** [smɔ:l bíznis]	零細企業	
☐ **assets** [ǽsets]	資産(ふつう複数形で)	
☐ **liabilities** [làiəbílətiz]	負債(複数形で)	
☐ **working capital** [wə́:rkiŋ kǽpətl]	運転資本	
☐ **borrowed capital** [bároud kǽpətl]	借入資本	
☐ **capital increase** [kǽpətl inkrí:s]	資本増加	
☐ **capital reduction** [kǽpətl ridʌ́kʃən]	減資	
☐ **operating costs** [ápərèitiŋ kɔ(:)sts]	営業経費	
☐ **operating income** [ápərèitiŋ ínkʌm]	営業収入	
☐ **establishment** [istǽbliʃmənt]	設立	制定 施設
☐ **merger** [mə́:rdʒər]	合併	合同
☐ **takeover** [téikòuvər]	乗っ取り(会社の)	接収 奪取
☐ **bankruptcy** [bǽŋkrʌp(t)si]	倒産	破産 破綻

社員

事業拡張における社員の **recruitment**
リクルートメント

大学の卒業を控えた学生の **job seeking**
チャブ スィーキング

求人による社員の **employment**
エンプロイメント

リストラによる社員の **dismissal**
ディスミサル

余剰人員による社員の **severance**
セヴェランス

自分の適性に合った **vocation**
ヴォウケイション

長年の経験が必要な **trade**
トゥレイド

専門職に必要な **expertise**
エクスパ〜ティーズ

会社における自分の **duties**
デューティズ

会社でこなす **undertaking**
アンダテイキング

会社業務における自分の **competence**
カンペテンス

仕事をこなす十分な **capability**
ケイパビリティ

仕事に対する当然の **remuneration**
リミューネレイション

有能な人材の **promotion**
プロモウション

68

☐ **recruitment** [rikrú:tmənt]	求人	新兵の募集 新人の募集
☐ **job seeking** [dʒab si:kiŋ]	求職	
☐ **employment** [implóimənt]	雇用	雇われること
☐ **dismissal** [dismís(ə)l]	解雇	免職 解散(合法的な)
☐ **severance** [sévərəns]	解雇	切断 退職
☐ **vocation** [voukéiʃən]	職業	天職 使命
☐ **trade** [treid]	職業(熟練を要する)	貿易 動 交換する
☐ **expertise** [èkspə:rtí:z]	専門知識	専門技術
☐ **duties** [d(j)ú:tiz]	職務(ふつう複数形で)	任務
☐ **undertaking** [ʌ̀ndərtéikiŋ]	仕事	企業 約束
☐ **competence** [kámpətəns]	適性	能力 力量
☐ **capability** [kèipəbíləti]	能力	才能 素質(複数形で)
☐ **remuneration** [rimjù:nəréiʃən]	報酬(文語的)	報償
☐ **promotion** [prəmóuʃən]	昇進	増進 促進

労働

冬になると働きに出る **seasonal worker**（スィーズナル ワ〜カァ）

長年経験を積んだ **skilled worker**（スキルド ワ〜カァ）

労働者と絶えず対立する **management**（マネヂメント）

労働条件の基準を定めた **labor agreement**（レイバァ アグリーメント）

組合に加入する **unionist**（ユーニョニスト）

組合員で構成する **labor union**（レイバァ ユーニョン）

労働者の環境改善を求める **labor movement**（レイバァ ムーヴメント）

労働条件で協議する **labor dispute**（レイバァ ディスピュート）

労働組合が交渉する **collective bargaining**（コレクティヴ バーゲニング）

企業への要求で起こす **walkout**（ウォーカウト）

交渉決裂による **indefinite-period strike**（インデフィニト ピ(ア)リオド ストゥライク）

公務員が行う **wildcat strike**（ワイルドゥキャト ストゥライク）

ストに参加する **striker**（ストゥライカァ）

委員会による労使間の **mediation**（ミーディエイション）

69

英語	日本語	
□ **seasonal worker** [síːznəl wə́ːrkər]	季節労働者	
□ **skilled worker** [skild wə́ːrkər]	熟練労働者	
□ **management** [mǽnidʒmənt]	経営者側(**the**をつけて)	取り扱い 経営
□ **labor agreement** [léibər əgríːmənt]	労働協約	
□ **unionist** [júːnjənist]	組合員	
□ **labor union** [léibər júːnjən]	労働組合	
□ **labor movement** [léibər múːvmənt]	労働運動	
□ **labor dispute** [léibər dispjúːt]	労働争議	
□ **collective bargaining** [kəléktiv báːrgining]	団体交渉	
□ **walkout** [wɔ́ːkàut]	ストライキ	退去 退出
□ **indefinite-period strike** [indéfənit píː(ə)riəd straik]	無期限スト	
□ **wildcat strike** [wáildkæt straik]	違法スト	
□ **striker** [stráikər]	スト参加者	
□ **mediation** [mìːdiéiʃən]	調停	仲裁

163

経営

会社が所有する莫大な **fortune**（フォーチュン）

会社所有の資産の **assessment**（アセスメント）

無駄を省いた会社の **administration**（アドゥミニストゥレイション）

長い付き合いの **business associate**（ビズネス アソウシエイト）

労働意欲を高める社員への **bounty**（バウンティ）

生き残りを賭けた事業の **diversification**（ディヴァ～スィフィケイション）

豊富な資金力による資材の **cornering**（コーナァリング）

市場に対応した戦略の **changeover**（チェインヂォウヴァ）

目を見張る企業の **achievement**（アチーヴメント）

公害に対する会社の **liability**（ライアビリティ）

管財人への権限の **commission**（コミション）

日本を取り巻く様々な **picture**（ピクチァ）

日本経済のめざましい **development**（ディヴェロプメント）

政情不安による市場の **instability**（インスタビリティ）

70

単語	意味1	意味2
☐ **fortune** [fɔ́ːrtʃən]	財産	運 / 富
☐ **assessment** [əsésmənt]	評価	評価額
☐ **administration** [ədmìnəstréiʃən]	経営(形式的語)	管理 / 行政
☐ **business associate** [bíznis əsóuʃièit]	仕事の取引先	
☐ **bounty** [báunti]	奨励金	懸賞金 / 助成金
☐ **diversification** [divə̀ːrsəfəkéiʃən]	多角化	多様化 / 多様性
☐ **cornering** [kɔ́ːrnəriŋ]	買い占め	
☐ **changeover** [tʃéindʒòuvər]	切り替え	転換
☐ **achievement** [ətʃíːvmənt]	業績	達成 / 功績
☐ **liability** [làiəbíləti]	義務(〜する)	責任
☐ **commission** [kəmíʃən]	委任	手数料 / 任務
☐ **picture** [píktʃər]	状況(**the**をつけて)	事情 / 写真
☐ **development** [divéləpmənt]	発展	発達 / 開発
☐ **instability** [ìnstəbíləti]	不安定	不確定 / 移り気

利益

年2回行う会社の **account settlement**
アカウントセトゥルメント

銀行から借りた資金の **principal**
プリンスィパル

元金に掛けられる **interest**
インタレスト

取引で成立した売買の **volume**
ヴァリュム

商品販売による一日の **proceeds**
プロウスィーヅ

売り上げ増による **surplus**
サ〜プラス

商売であげる **gain**
ゲイン

ビジネスの成功であげる **earnings**
ア〜ニングズ

会社全体で得る **corporate profits**
コーポレイト プラフィッツ

利益が出るかどうかの **break-even point**
ブレイク イーヴン ポイント

収入に課せられる **taxation**
タクセイション

課税によって支払う **income tax**
インカム タックス

収入を上まわる大幅な **expenditure**
イクスペンディチャ

倒産による会社の **liquidation**
リクウィデイション

71

☐ **account settlement** [əkáunt sétlmənt]	決算	
☐ **principal** [prínsəp(ə)l]	元金	校長 形 主要な
☐ **interest** [ínt(ə)rist]	利子	利益 興味
☐ **volume** [váljum]	出来高	量 本
☐ **proceeds** [próusi:dz]	売上高(複数形で)	収入
☐ **surplus** [sə́:rpləs]	黒字	余剰 過剰
☐ **gain** [gein]	利益	動 得る 動 進む
☐ **earnings** [ə́:rniŋz]	収益(複数形で)	所得 収入
☐ **corporate profits** [kɔ́:rp(ə)rit práfits]	企業収益(複数形で)	
☐ **break-even point** [breik í:vən point]	損益分岐点	
☐ **taxation** [tækséiʃən]	課税	徴税 税収入
☐ **income tax** [ínkʌm tæks]	所得税	
☐ **expenditure** [ikspénditʃər]	支出	消費 経費
☐ **liquidation** [likwidéiʃən]	清算(倒産会社の)	粛清 弁済(負債の)

株式

証券会社で取り引きされる **stock**（スタック）

有価証券を売買する **stock exchange**（スタックイクスチェインヂ）

世界最大の **Big Board**（ビッグボード）

売買の盛況な **stock market**（スタックマーケット）

安定した国内の **stock quotations**（スタッククウォウテイションズ）

証券市場における活発な **broad market**（ブロードマーケット）

株価がつり上がる **bull market**（ブルマーケット）

株価上昇による **seller's market**（セラァズマーケット）

株価下落による **buyer's market**（バイアズマーケット）

下落が止まらない株の **dumping**（ダンピング）

日々変わる株価の **fluctuation**（フラクチュエイション）

自分が保有する **holding**（ホウルディング）

成長著しい会社の **blue chip**（ブルーチップ）

株から得る **dividend**（ディヴィデンド）

72

☐ **stock** [stɑk]	株	株式 在庫品
☐ **stock exchange** [stɑk ikstʃéindʒ]	証券取引所 (**the**をつけて)	
☐ **Big Board** [big bɔːrd]	ニューヨーク証券取引所 (**the**をつけて)	
☐ **stock market** [stɑk máːrkit]	株式市場	
☐ **stock quotations** [stɑk kwoutéiʃənz]	株式相場	
☐ **broad market** [brɔːd máːrkit]	大商い	
☐ **bull market** [bul máːrkit]	強気市場	
☐ **seller's market** [sélərz máːrkit]	売り手市場	
☐ **buyer's market** [baíərz máːrkit]	買い手市場	
☐ **dumping** [dʌ́mpiŋ]	投げ売り	投げ捨て
☐ **fluctuation** [flʌktʃuéiʃən]	変動	
☐ **holding** [hóuldiŋ]	持ち株(しばしば複数形で)	保持 保有
☐ **blue chip** [bluː tʃip]	優良株	
☐ **dividend** [dívədènd]	配当	配当金

経済

経済発展にともなう給料の **hike**（ハイク）

徐々に低下する企業の **vigor**（ヴィガァ）

消費低迷によるマーケットの **reduction**（リダクション）

不景気による **bear market**（ベアマーケット）

弱気市場による **recession**（リセション）

デフレによる **price tumble**（プライスタンブル）

行き詰まる **industry**（イングストゥリィ）

内閣府が出す経済の **prognosis**（プラグノウスィス）

行政ミスによる景気対策の **vicious circle**（ヴィシャスサ～クル）

開かれない経済の **perspective**（パスペクティヴ）

先の見えない経済の **dead end**（デッドエンド）

見込みのない経済の **recovery**（リカヴァリィ）

吹き荒れる **stagnation**（スタグネイション）

減少する国家の **revenue**（レヴェニュー）

73

☐ **hike** [haik]	引き上げ	ハイキング 動ハイキングする
☐ **vigor** [vígər]	活力（文語的）	精力 活気
☐ **reduction** [ridʌ́kʃən]	縮小	割引 削減
☐ **bear market** [béər máːrkit]	弱気市場	
☐ **recession** [riséʃən]	一時的な景気後退	不景気 後退
☐ **price tumble** [prais tʌ́mbl]	物価暴落	
☐ **industry** [índəstri]	産業	勤務
☐ **prognosis** [prɑgnóusis]	予測	予知
☐ **vicious circle** [víʃəs sə́ːrkl]	悪循環	
☐ **perspective** [pərspéktiv]	展望	見通し 遠近画法
☐ **dead end** [ded end]	行き詰まり	
☐ **recovery** [rikʌ́vəri]	回復	
☐ **stagnation** [stægnéiʃən]	不況	よどみ 沈滞
☐ **revenue** [révən(j)ùː]	歳入（国家の）	収入 収益

金融

会社と交わす売買の **bargain**
(バーゲン)

最初に支払う **down payment**
(ダウンペイメント)

変動するローンの **interest rate**
(インタレストレイト)

会社の支払いで切る **promissory note**
(プラミソーリィノウト)

支払い期日の決められた **draft**
(ドゥラフト)

手形の支払いが受けられない **dishonor**
(ディスアナァ)

不渡りで紙クズになった **dishonored bill**
(ディスアナァドビル)

債務の返済不能による **default**
(ディフォールト)

債権者による担保の **foreclosure**
(フォークロウジャ)

債権者が処分する **mortgage**
(モーギヂ)

不動産に課せられる **property tax**
(プラパティタックス)

企業を育成するための **tax break**
(タックスブレイク)

税収入の減少による **tax hike**
(タックスハイク)

景気刺激策による **tax cut**
(タックスカット)

172

74

☐ **bargain** [bá:rgin]	契約(売買)	取引 動交渉をする
☐ **down payment** [daun péimənt]	頭金	
☐ **interest rate** [ínt(ə)rəst reit]	金利	
☐ **promissory note** [práməsɔ̀:ri nout]	約束手形	
☐ **draft** [dræft]	為替手形	図案 下書き
☐ **dishonor** [disánər]	不渡り	不名誉 動不名誉になる
☐ **dishonored bill** [disánərd bil]	不渡り手形	
☐ **default** [difɔ́:lt]	債務不履行	
☐ **foreclosure** [fɔ:rklóuʒər]	担保差し押さえ	質流れ
☐ **mortgage** [mɔ́:rgidʒ]	抵当	住宅ローン 動抵当に入れる
☐ **property tax** [prápərti tæks]	固定資産税	
☐ **tax break** [tæks breik]	税制優遇措置	
☐ **tax hike** [tæks haik]	増税	
☐ **tax cut** [tæks kʌt]	減税	

173

貿易

輸入商品に課せられる **tariff**(タリフ)

輸入商品の中身の **censorship**(センサシップ)

輸出を奨励するための **subsidy**(サブスィディ)

貿易でこうむる損害の **indemnity**(インデムニティ)

政府が輸出で許可する **quota**(クウォウタ)

輸入増による外貨の **shortage**(ショーテヂ)

一年間の輸出入の **balance of trade**(バランス(ｵ)ヴトゥレイド)

自国の産業を守るための **protectionism**(プロテクショニズム)

各国と結ぶ貿易の **pact**(パクト)

一方通行な貿易による **trade imbalance**(トゥレイドインバランス)

貿易の不均衡で起こる経済的 **friction**(フリクション)

貿易の不均衡で施行する経済的 **sanction**(サン(ク)ション)

不均衡貿易による協定の **annulment**(アナルメント)

相手国との貿易の **embargo**(エンバーゴウ)

174

75

☐ **tariff** [tǽrif]	関税	料金表
☐ **censorship** [sénsərʃip]	検閲	
☐ **subsidy** [sʌ́bsədi]	補助金	助成金
☐ **indemnity** [indémnəti]	損害保障	損害賠償
☐ **quota** [kwóutə]	割当量	割当数
☐ **shortage** [ʃɔ́:rtidʒ]	不足	
☐ **balance of trade** [bǽləns (ə)v treid]	貿易収支	
☐ **protectionism** [prətékʃənìzm]	保護貿易主義	保護政策
☐ **pact** [pækt]	協定	条約 契約
☐ **trade imbalance** [treid imbǽləns]	貿易不均衡	
☐ **friction** [fríkʃən]	摩擦	不和
☐ **sanction** [sǽŋ(k)ʃən]	制裁	認可 動認可する
☐ **annulment** [ənʌ́lmənt]	破棄	取り消し 廃棄
☐ **embargo** [imbá:rgou]	通商禁止	動輸出入を禁止する

犯罪のいろいろ

人の作品を盗用する **plagiarism**（プレイヂャリズム）

人を悪に引きずり込む **temptation**（テン(プ)テイション）

人を破滅に追いやる **narcotic**（ナーカティク）

人をだまして金を奪う **fraud**（フロード）

人をだますための巧妙な **ploy**（プロイ）

人を脅してゆする **menace**（メナス）

人を策略的に陥れる **conspiracy**（コンスピラスィ）

人の金品を盗む **larceny**（ラ〜セニィ）

人の家に忍び込む **burglary**（バ〜グラリィ）

人のお金を強奪する **robbery**（ラバリィ）

人の家屋に火をつける **arson**（アーソン）

人に暴力を加える **outrage**（アウトゥレイヂ）

人を死に至らしめる **homicide**（ハミサイド）

人を斧でめった切りにする **bloodshed**（ブラドゥシェド）

76

☐ **plagiarism** [pléidʒərizm]	盗作	盗用
☐ **temptation** [tem(p)téiʃən]	誘惑	衝動
☐ **narcotic** [nɑːrkátik]	麻薬	睡眠薬 形麻薬の
☐ **fraud** [frɔːd]	詐欺	不正手段 詐欺師
☐ **ploy** [plɔi]	策略	
☐ **menace** [ménəs]	脅迫	脅威 動脅威を与える
☐ **conspiracy** [kənspírəsi]	陰謀	共謀
☐ **larceny** [láːrsəni]	窃盗	窃盗罪
☐ **burglary** [bə́ːrɡləri]	盗み	忍び込み窃盗罪
☐ **robbery** [rɑ́b(ə)ri]	強盗	盗難 盗難事件
☐ **arson** [áːrsn]	放火	放火罪
☐ **outrage** [áutrèidʒ]	暴行	乱暴 無法行為
☐ **homicide** [hάməsàid]	殺人	殺人行為 殺人罪
☐ **bloodshed** [blʌ́dʃèd]	虐殺	殺人

被害者

何不自由ない人生に対する **euphoria**（ユーフォーリア）

突然襲いかかる不幸の **sequence**（スィークウェンス）

忍び寄る悲劇への **dismay**（ディスメイ）

おびえながら過ごす心の **gloom**（グルーム）

犯罪によって引き起こされた **tragedy**（トゥラヂディ）

悲劇によってもたらされる **grief**（グリーフ）

犯人に対する被害者の **hatred**（ヘイトゥレド）

犯人に対する情念のような **curse**（カース）

犯罪を生みだす **poverty**（パヴァティ）

生まれながらの犯罪者としての **doom**（ドゥーム）

犯罪者の人に対する **spite**（スパイト）

心から離れない殺人への **obsession**（オブセション）

たびたび犯す殺人の **succession**（サクセション）

殺人における曖昧な **motive**（モゥティヴ）

euphoria [juːfɔ́ːriə]	幸福感	
sequence [síːkwəns]	連続(するもの)	
dismay [disméi]	おびえ	ろうばい / 動 ろうばいさせる
gloom [gluːm]	憂うつ	陰気 / 暗がり
tragedy [trǽdʒədi]	悲劇	
grief [griːf]	悲しみ(文語的)	
hatred [héitrid]	憎悪	憎しみ
curse [kɔ́ːrs]	呪い	動 呪う / 動 ののしる
poverty [pávərti]	貧困	貧乏
doom [duːm]	運命(悪い)	悲運 / 破産
spite [spait]	悪意	
obsession [əbséʃən]	強迫観念	
succession [səkséʃən]	連続(すること)	相続 / 継承
motive [móutiv]	動機	主題 / モチーフ

警察

事件の謎を解く **clue**

犯人が残した **fingerprint**

目撃証言でつくられる **composition picture**

容疑者が住む家の **ambush**

誘拐犯人が要求する **ransom**

家宅捜索で差し出す **writ**

犯人検挙に向けて巡らす **dragnet**

ギャングを一網打尽にする **roundup**

検挙した犯人の **detention**

刑事の尋問による **confession**

保釈のために支払われる **bail**

違法行為で支払う **penalty**

懲役5年の **punishment**

犯人の刑務所への **imprisonment**

78

□ **clue** [kluː]	手がかり	
□ **fingerprint** [fíŋɡərprìnt]	指紋	
□ **composition picture** [kàmpəzíʃən píktʃər]	モンタージュ写真	
□ **ambush** [ǽmbuʃ]	張り込み	待ち伏せ
□ **ransom** [rǽnsəm]	身代金	賠償金
□ **writ** [rit]	令状	
□ **dragnet** [drǽɡnèt]	捜査網	地引き網
□ **roundup** [ráundʌp]	一斉検挙	かり集め 狩り
□ **detention** [diténʃən]	留置	引き留め 拘留
□ **confession** [kənféʃən]	自白	告白 ざんげ
□ **bail** [beil]	保釈金	保釈
□ **penalty** [pénəlti]	罰金	刑罰 報い
□ **punishment** [pʌ́niʃmənt]	刑罰	罰
□ **imprisonment** [impríznmənt]	投獄	

裁判

週刊誌の過剰な記事による **libel**

内部の人間による汚職の **accusation**

金銭トラブルによる民事の **lawsuit**

被害者による裁判所への **appeal**

裁判所で行う **trial**

陪審裁判が行われる **venue**

検事による証人への **interrogation**

弁護士による証人への **cross-examination**

目撃者による明確な **testimony**

嘘の証言による **perjury**

被告に下される **judg(e)ment**

陪審員によって下される **verdict**

決定的な証拠による **conviction**

情状酌量によって下される **probation**

☐ **libel** [láib(ə)l]	名誉毀損(文書による)	中傷
☐ **accusation** [æ̀kjuzéiʃən]	告発	非難
☐ **lawsuit** [lɔ́:s(j)ù:t]	訴訟	民事訴訟
☐ **appeal** [əpí:l]	控訴	訴え 動求める
☐ **trial** [tráiəl]	裁判	
☐ **venue** [vén(j)u:]	陪審地	開催地
☐ **interrogation** [intèrəgéiʃən]	尋問	疑問
☐ **cross-examination** [krɔ́(:)s igzæ̀mənéiʃən]	反対尋問	
☐ **testimony** [téstəmòuni]	証言	証明
☐ **perjury** [pə́:rdʒ(ə)ri]	偽証	偽証罪
☐ **judg(e)ment** [dʒʌ́dʒmənt]	判決	裁判 審判
☐ **verdict** [və́:rdikt]	評決	判断 意見(最後の)
☐ **conviction** [kənvíkʃən]	有罪判決	確信 信念
☐ **probation** [proubéiʃən]	執行猶予	保護観察 試験

暴動

暴君による **autocracy**（オータクラスィ）

国民に対する徹底した **repression**（リプレション）

恐怖による国家の **reign**（レイン）

好き放題に行う **tyranny**（ティラニィ）

目を覆う **cruelty**（クルーエルティ）

陰で行われる凄惨な **torture**（トーチァ）

体制に反対する **dissident**（ディスィデント）

武器を手にする **insurgent**（インサ〜ヂェント）

不満分子が起こす **insurrection**（インサレクション）

市街を破壊して暴れる **riot**（ライアト）

首相官邸への **raid**（レイド）

暴君が立てこもる **fort**（フォート）

暴動で招く **anarchy**（アナキィ）

混乱による社会の **chaos**（ケイアス）

80

☐ **autocracy** [ɔ:tákrəsi]	独裁政治	独裁国家
☐ **repression** [ripréʃən]	抑圧	抑制 制止
☐ **reign** [rein]	統治	動統治する
☐ **tyranny** [tírəni]	暴政	圧制 暴虐
☐ **cruelty** [krú:əlti]	残虐行為	残酷さ
☐ **torture** [tɔ́:rtʃər]	拷問	苦悶 激しい苦痛
☐ **dissident** [dísid(ə)nt]	反体制派	形反対意見の
☐ **insurgent** [insə́:rdʒ(ə)nt]	反乱者	暴徒 反乱軍の兵士
☐ **insurrection** [insərékʃən]	反乱(文語的)	暴動
☐ **riot** [ráiət]	暴動	騒動
☐ **raid** [reid]	襲撃	手入れ 急襲
☐ **fort** [fɔ:rt]	要塞	
☐ **anarchy** [ǽnərki]	社会的混乱	無秩序 無政府状態
☐ **chaos** [kéiɑs]	無秩序	混乱状態 混沌

戦闘

国家間の連続的な **strife**〔ストゥライフ〕

ついに破棄される両国間の平和 **treaty**〔トゥリーティ〕

大使館員の国外 **exile**〔エグザイル〕

相手国住民の **deportation**〔ディーポーテイション〕

その住民の財産 **expropriation**〔エクスプロウプリエイション〕

軍隊による国境の **surveillance**〔サ〜ヴェイランス〕

国内に布告される **martial law**〔マーシャルロー〕

主要道路の **shut down**〔シャットダウン〕

市民に出される **curfew**〔カ〜フュー〕

紛争で集められる **militia**〔ミリシャ〕

砲撃のために備えられる **ammunition**〔アミュニション〕

攻撃からの **defense**〔ディフェンス〕

戦闘で練られる **strategy**〔ストゥラテディ〕

相手国への密かな **espionage**〔エスピオナージ〕

81

☐ **strife** [straif]	紛争	争い 闘争
☐ **treaty** [tríːti]	条約	協定
☐ **exile** [égzail]	追放	亡命 亡命者
☐ **deportation** [dìːpɔːrtéiʃən]	国外追放	
☐ **expropriation** [ekspròupriéiʃən]	没収	
☐ **surveillance** [səːrvéiləns]	監視	見張り
☐ **martial law** [máːrʃəl lɔː]	戒厳令	
☐ **shut down** [ʃʌt dáun]	閉鎖	
☐ **curfew** [káːrfjuː]	夜間外出禁止令	門限
☐ **militia** [məlíʃə]	民兵	義勇軍 国民軍
☐ **ammunition** [æmjuníʃən]	弾薬	
☐ **defense** [diféns]	防衛	弁護 守備
☐ **strategy** [strǽtədʒi]	戦略	作戦 策略
☐ **espionage** [éspiənàːʒ]	スパイ行為	諜報

軍部の反乱

政府と軍部との政治的な **opposition**

軍部の政府への政治的な **intervention**

軍部が狙う政治の **hegemony**

軍部の反乱で起こる各地での **warfare**

大砲による **barrage**

軍部によって奪われた国家の **sovereignty**

軍部に牛耳られる **jurisdiction**

軍部による国家の **ruling**

世界に発する軍部の **communique**

周辺諸国に広がる **agitation**

政治家の国外への **defection**

外国企業の国外への **withdrawal**

他国への武力による **invasion**

国連の介入による **arbitration**

82

□ **opposition** [ɑ̀pəzíʃən]	対立	反対 抵抗
□ **intervention** [ìntərvénʃən]	介入	調停 仲裁
□ **hegemony** [hi(:)dʒéməni]	主導権	覇権
□ **warfare** [wɔ́:rfèər]	戦闘	戦争 交戦状態
□ **barrage** [bərá:ʒ]	集中砲火	連発
□ **sovereignty** [sávrənti]	主権	統治権
□ **jurisdiction** [dʒù(ə)risdíkʃən]	司法権(文語的)	
□ **ruling** [rú:liŋ]	支配	統治 裁定
□ **communique** [kəmjù:nəkéi]	公式発表	公報 コミュニケ
□ **agitation** [ædʒətéiʃən]	動揺	扇動 アジ
□ **defection** [difékʃən]	亡命	脱会 脱党
□ **withdrawal** [wiðdrɔ́:(ə)l]	撤退	引退 撤回
□ **invasion** [invéiʒən]	侵略	侵入 侵害
□ **arbitration** [à:rbətréiʃən]	仲裁	

選挙

日本の立法機関である **Diet**（ダイエト）

イギリスの立法機関である **Parliament**（パーラメント）

大臣で組織される **Cabinet**（キャビネト）

各党が奪い合う **regime**（レィジーム）

政党内で分かれる **faction**（ファクション）

アメリカにおける州の **legislature**（レヂスレイチァ）

政治の硬直化を招く **bureaucracy**（ビュ(ア)ラクラスィ）

議員に贈る不法な **bribe**（ブライブ）

議員が立候補する地元の **constituency**（コンスティチュエンスィ）

マイクを手にして行う **stump**（スタンプ）

有権者によって行われる **poll**（ポウル）

憲法改正を問う **plebiscite**（プレビサイト）

候補者名を記入する **ballot**（バロト）

他の候補者を引き離す **landslide**（ラン(ドゥ)スライド）

☐ **Diet** [dáiət]	国会（日本・デンマークなどの／ふつうtheをつけて）	
☐ **Parliament** [pá:rləmənt]	国会（イギリスなどの）	議会
☐ **Cabinet** [kǽbənit]	内閣（ふつうtheをつけて）	飾り戸棚
☐ **regime** [rəiʒí:m]	政権	制度 体制
☐ **faction** [fǽkʃən]	派閥	
☐ **legislature** [lédʒislèitʃər]	州議会（ふつうtheをつけて）	立法機関 立法府
☐ **bureaucracy** [bju(ə)rákrəsi]	官僚主義	官僚政府
☐ **bribe** [braib]	賄賂	
☐ **constituency** [kənstítʃuənsi]	選挙区	
☐ **stump** [stʌmp]	選挙演説	切り株
☐ **poll** [poul]	投票	選挙 動投票する
☐ **plebiscite** [plébəsàit]	国民投票	
☐ **ballot** [bǽlət]	投票用紙	無記名投票
☐ **landslide** [lǽn(d)slàid]	圧勝	地滑り 山崩れ

社会

少子化による親の **over-protection**(オウヴァプロテクション)

荒廃した青少年の **delinquency**(ディリンクウェンスィ)

国内の人口を調べる **census**(センサス)

先進国において進む社会の **welfare**(ウェルフェア)

生活能力のない人への **social aid**(ソウシャルエイド)

貧しい人の住む **ghetto**(ゲトゥ)

災害による難民の **remedy**(レメディ)

災害で支払われる国の **compensation**(カンペンセイション)

マスコミが犯す人権の **violation**(ヴァイオレイション)

盗作による版権の **infringement**(インフリンヂメント)

国会議員に与えられた **privilege**(プリヴェリヂ)

政治犯に対する特別の **amnesty**(アムネスティ)

与党に対抗する **opposition**(アポズィション)

政府に圧力を加える **lobby**(ラビィ)

☐ **over-protection** [óuvər-prətékʃən]	過保護	
☐ **delinquency** [dilíŋkwənsi]	非行	犯罪
☐ **census** [sénsəs]	国勢調査	人口調査
☐ **welfare** [wélfèər]	福祉事業	幸福 生活保護
☐ **social aid** [sóuʃəl eid]	生活保護	
☐ **ghetto** [gétou]	貧民街	スラム街
☐ **remedy** [rémədi]	救済	救済策 治療薬
☐ **compensation** [kàmpənséiʃən]	補償	賠償 賠償金
☐ **violation** [vàiəléiʃən]	侵害	違反 違反行為
☐ **infringement** [infríndʒmənt]	侵害(商標・版権の)	違反(法律・規約の)
☐ **privilege** [prívəlidʒ]	特権	特典
☐ **amnesty** [æmnəsti]	恩赦	特赦
☐ **opposition** [àpəzíʃən]	野党	反対 抵抗
☐ **lobby** [lábi]	圧力団体	ロビー

政治

政治家が憧れる **presidency**
プレズィデンスィ

大統領が議会に求める **recognition**
レコグニション

大統領の議案に対する **veto**
ヴィートゥ

大統領による権力の **abuse**
アビューズ

大統領を支援する民間の **organization**
オーガニゼイション

政党の上層部による **caucus**
コーカス

閣僚によって行われる種々の **council**
カウンスル

地方の行政を行う **autonomy**
オータノミィ

議員が集合する議会の **session**
セシション

行政機関が意見を聞く **hearing**
ヒ(ア)リング

議会での政治家による激しい **controversy**
カントゥロヴァ～スィ

審議を尽くしたあとの **resolution**
レゾルーション

強行採決による決議の **breakthrough**
ブレイクスルー

決議された法律の **execution**
エクセキューション

85

☐ **presidency** [prézəd(ə)nsi]	大統領の職 (ふつう**the**をつけて)	学長の職 学長の任期
☐ **recognition** [rèkəgníʃən]	承認	認識 認めること
☐ **veto** [ví:tou]	拒否権	動 拒否する
☐ **abuse** [əbjú:z]	乱用	虐待 動 乱用する
☐ **organization** [ɔ̀:rɡənizéiʃən]	団体	組織 組織化
☐ **caucus** [kɔ́:kəs]	幹部会議	
☐ **council** [káunsl]	会議	協議 協議会
☐ **autonomy** [ɔ:tánəmi]	自治体	自治 自治権
☐ **session** [séʃən]	開会	開廷 集会
☐ **hearing** [hí(ə)riŋ]	聴聞会	聴力 聞き取り
☐ **controversy** [kántrəvə̀:rsi]	論争	論戦 論議
☐ **resolution** [rèzəlú:ʃən]	決議	決心 決断力
☐ **breakthrough** [bréikθrù:]	突破	大発見 大躍進
☐ **execution** [èksikjú:ʃən]	執行	処刑 死刑執行

形容詞英単語
322

物

少女が編んだ **floral**(フローラル) な首輪

走り書きされた **illegible**(イレヂブル) なメモ

年4回出版される **quarterly**(クウォータリィ) な雑誌

使わずに放置された **bulky**(バルキィ) な健康器具

形のいい **symmetrical**(スィメトゥリカル) な花瓶

自動車修理による **greasy**(グリースィ) な服

コンピューターに **integral**(インテグラル) なソフト

まっすぐに伸びた **linear**(リニア) なレール

宇宙に打ち上げられた **stationary**(ステイショネリィ) な衛星

緊急時に備えての **auxiliary**(オーグズィリャリィ) な食糧

十字軍遠征で使われた **medieval**(ミーディイーヴァル) なよろい

霊の乗り移った **ominous**(アミナス) な刀

人類に残された **invaluable**(インヴァリュアブル) な遺産

地中に眠る **opulent**(アピュレント) な資源

☐ **floral** [flɔ́:rəl]	花の	
☐ **illegible** [ilédʒəbl]	読みにくい	判読できない
☐ **quarterly** [kwɔ́:rtərli]	季刊の	四季の 图季刊誌
☐ **bulky** [bʌ́lki]	かさばった	
☐ **symmetrical** [simétrikəl]	左右対称の	釣り合った 均整のとれた
☐ **greasy** [grí:si]	油に汚れた	油っこい べとべとした
☐ **integral** [íntəgrəl]	絶対必要な	全体の 完全な
☐ **linear** [líniər]	直線の	線の 線状の
☐ **stationary** [stéiʃənèri]	静止した	動かない
☐ **auxiliary** [ɔ:gzíljəri]	予備の	補助の
☐ **medieval** [mì:dií:vəl]	中世の	中世風の
☐ **ominous** [ámənəs]	不吉な	縁起の悪い
☐ **invaluable** [invǽljuəbl]	計り知れないほど貴重な	
☐ **opulent** [ápjulənt]	豊富な	富んだ 十分な

商品

100円の **disposable**(ディスポウザブル) なライター

100円ショップの **inexpensive**(イニクスペンスィヴ) な化粧品

税関で押収された **fake**(フェイク) なブランド製品

海外から輸入された **exotic**(イグザティク) な植物

簡単には壊れない **hardy**(ハーディ) なおもちゃ

丈夫につくられた **durable**(デュアラブル) なカバン

誰もがはく **in**(イン) なスニーカー

返品された **deficient**(ディフィシェント) な電化製品

証明書のついた **authentic**(オーセンティク) な宝石

何にでも使える **versatile**(ヴァ〜サトゥル) な道具

斬新なデザインの **avant-garde**(アヴァンガード) なドレス

見るだけでも **worthwhile**(ワ〜ス(フ)ワイル) な車

インターネットで普及する **interactive**(インタアクティヴ) なテレビゲーム

どのコンピューターでも作動する **compatible**(コンパティブル) なソフト

200

87

☐ **disposable** [dispóuzəbl]	使い捨てにできる	自由に使える 使い捨ての
☐ **inexpensive** [ìnikspénsiv]	安価な	安い
☐ **fake** [feik]	にせの	名にせもの 名模造品
☐ **exotic** [igzátik]	外国産の (植物・料理など)	異国風の
☐ **hardy** [háːrdi]	頑丈な	大胆な
☐ **durable** [d(j)ú(ə)rəbl]	長持ちする	丈夫な
☐ **in** [in]	流行の	入ってくる 人気のある
☐ **deficient** [difíʃənt]	欠陥のある	不完全な
☐ **authentic** [ɔːθéntik]	本物の	
☐ **versatile** [vəːrsətl]	用途の広い	多才の 多芸の
☐ **avant-garde** [ævɑːŋgáːrd]	前衛的な	
☐ **worthwhile** [wəːrθ(h)wáil]	価値のある	
☐ **interactive** [ìntəræktiv]	双方向性の	相互に作用する
☐ **compatible** [kəmpætəbl]	互換性のある	両立できる 矛盾のない

日常生活

クレジットカードによる **indebted** な生活

無駄な出費による **sheer** な浪費

お店からもらう **complimentary** なチケット

早寝早起きの **wholesome** な生活

億万長者による **well-to-do** な生活

パーティーでの **decent** な服装

披露宴での **conventional** な挨拶

単調な主婦の **routine** な日常

妻にする **habitual** なキッス

生きがいのない **void** な毎日

浮気による **matrimonial** ないがみあい

独身女性による **marital** な願望

恋人同士の **exhilarating** なデート

密度の濃い **substantial** な人生

☐ **indebted** [indétid]	借金がある	
☐ **sheer** [ʃiər]	まったくの	切り立った ごく薄い
☐ **complimentary** [kàmpləméntəri]	優待の	無料の
☐ **wholesome** [hóuls(ə)m]	健康によい	健全な
☐ **well-to-do** [wéltədú:]	裕福な	暮らし向きのよい
☐ **decent** [dí:snt]	ちゃんとした	まともな そう悪くない
☐ **conventional** [kənvénʃ(ə)nəl]	月並みの	因習的な 伝統的な
☐ **routine** [ru:tí:n]	決まりきった	名決まりきった仕事
☐ **habitual** [həbítʃuəl]	習慣的な	習慣による 常習の
☐ **void** [vɔid]	空虚な	名空虚感 名むなしさ
☐ **matrimonial** [mætrimóuniəl]	夫婦の	結婚の
☐ **marital** [mærətl]	結婚の	
☐ **exhilarating** [igzílərèitiŋ]	気分をうきうきさせる	陽気にさせてくれる
☐ **substantial** [səbstænʃəl]	充実した	中身のある かなりの

部屋

一流ホテルの **costly** な部屋

大統領が泊まる **superb** な部屋

1泊100万円の **prohibitive** な部屋

50畳もある **ample** な部屋

整理された **neat** な部屋

ゴミひとつない **tidy** な部屋

日当たりのよい **cozy** な部屋

ベッドだけの **rustic** な部屋

利用者のない **vacant** な部屋

使われない **redundant** な部屋

緊急時に備えた **preliminary** な部屋

使用を特定の人に **restricted** な部屋

掃除していない **untidy** な部屋

水道管が破裂した **soggy** な部屋

89

☐ **costly** [kɔ́(:)stli]	高価な	費用のかかる 犠牲の大きい
☐ **superb** [s(j)u(:)pə́ːrb]	とびきり立派な	すばらしい
☐ **prohibitive** [prouhíbətiv]	法外に高い(値段が)	禁止の
☐ **ample** [ǽmpl]	広い	
☐ **neat** [niːt]	きちんとした (部屋などが)	こざっぱりした じょうずな
☐ **tidy** [táidi]	きちんとした	こぎれいな 動 きちんとする
☐ **cozy** [kóuzi]	暖かくて居心地のよい	
☐ **rustic** [rʌ́stik]	質素な	ひなびた 田舎の
☐ **vacant** [véikənt]	空いている (部屋などが)	欠損の うつろな
☐ **redundant** [ridʌ́ndənt]	余分な	余計な
☐ **preliminary** [prilímənèri]	予備の	
☐ **restricted** [ristríktid]	制限された	限られた 狭い
☐ **untidy** [ʌntáidi]	乱雑な	だらしのない 散らかった
☐ **soggy** [sági]	水浸しの	

発光する物体

宇宙に広がる **infinite**(インフィニト) な空間

宇宙空間に存在する **innumerable**(イニューメラブル) な星

上空からながめた **picturesque**(ピクチャレスク) な地球

天にそびえる **bluff**(ブラフ) なアルプス

彼方に広がる **spacious**(スペイシャス) な田園地帯

一ヵ所に **dense**(デンス) な農家

空から落下した **luminous**(ルーミナス) な物体

光り輝く **glaring**(グレ(ア)リング) な物質

まぶしくて **dizzy**(ディズィ) な光景

かつて見たこともない **marvelous**(マーヴ(ェ)ラス) な光景

人体に害のある **radioactive**(レイディオウアクティヴ) な物質

汚染され **deserted**(ディザ〜ティド) な村

人の住まない **gloomy**(グルーミィ) な建物

荒れ果てた **bleak**(ブリーク) な田園

☐ **infinite** [ínfənit]	無限の	無数の 計り知れない
☐ **innumerable** [in(j)ú:m(ə)rəbl]	無数の	数えきれないほどの
☐ **picturesque** [pìktʃərésk]	絵のように美しい	色彩豊かな 生き生きとした
☐ **bluff** [blʌf]	切り立った	ぶっきらぼうな 名絶壁
☐ **spacious** [spéiʃəs]	広々とした	広大な
☐ **dense** [dens]	密集した	濃い
☐ **luminous** [lú:mənəs]	発光する	光る 輝く
☐ **glaring** [glé(ə)riŋ]	ぎらぎら輝く	まばゆい
☐ **dizzy** [dízi]	目がくらむ	めまいがする 目がくらむほどの
☐ **marvelous** [má:rv(ə)ləs]	不思議な	驚くべき すばらしい
☐ **radioactive** [rèidiouǽktiv]	放射性の	放射能のある
☐ **deserted** [dizə́:rtid]	人の住まなくなった	人通りのない 人が住んでいない
☐ **gloomy** [glú:mi]	薄暗く陰気な	暗い 憂鬱な
☐ **bleak** [bli:k]	荒涼とした	寒々とした

体

肌がツルツルで **slick**(スリック) なカラダ

柔らかく **flexible**(フレクスィブル) なカラダ

ガチガチで **rigid**(リヂド) なカラダ

立派な体格で **ponderous**(パンダラス) なカラダ

締まりのない **flabby**(フラビィ) なカラダ

かっぷくのいい **stout**(スタウト) なカラダ

体重200キロの **obese**(オウビース) なカラダ

病気がちで **feeble**(フィーブル) なカラダ

栄養失調で **frail**(フレイル) なカラダ

おなかの大きな **pregnant**(プレグナント) なカラダ

子供ができない **sterile**(ステリル) なカラダ

足を引きずって歩く **lame**(レイム) なカラダ

耳が悪く **mute**(ミュート) なカラダ

交通事故で **disabled**(ディスエイブルド) なカラダ

☐ **slick** [slik]	なめらかな	すべすべした 口先のうまい
☐ **flexible** [fléksəbl]	柔軟な	曲げやすい 融通のきく
☐ **rigid** [rídʒid]	硬直した	厳格な
☐ **ponderous** [pánd(ə)rəs]	どっしりとした	大きくて重い 重苦しい
☐ **flabby** [flǽbi]	たるんだ	締まりがない 気力のない
☐ **stout** [staut]	太った (ふつう中年太りをいう)	強い 勇敢な
☐ **obese** [oubíːs]	肥満した(病的に)	
☐ **feeble** [fíːbl]	弱い(体が)	気力のとぼしい 弱い
☐ **frail** [freil]	虚弱な	ひ弱な もろい
☐ **pregnant** [prégnənt]	妊娠している	身ごもった
☐ **sterile** [stérəl]	不妊の	不毛の 無菌の
☐ **lame** [leim]	足の不自由な	
☐ **mute** [mjuːt]	口のきけない	無言の
☐ **disabled** [diséibld]	身体障害のある	

病気

目の酷使による **optical**(アプティカル) な衰え

暴飲暴食による **acute**(アキュート) な病気

長期間わずらう **chronic**(クラニク) な病気

食べすぎに効く **digestive**(ダイヂェスティヴ) な薬

肥満からくる **cardiac**(カーディアク) な病

ノイローゼによる **morbid**(モービド) な精神

トゲによる **prickly**(プリクリィ) な痛み

カラダに **handicapped**(ハンディキャプト) な患者

アトピーに **potent**(ポウテント) な薬

老人をケアする **medical**(メディカル) な設備

強力な薬の **gradual**(グラヂュアル) な投与

接触で移る **contagious**(コンテイヂャス) な病気

死に至る **lethal**(リーサル) なケガ

末期ガンで **moribund**(モーリバンド) な患者

92

□ **optical** [áptikəl]	視力の	視覚の 光学の
□ **acute** [əkjú:t]	急性の	鋭い 激しい
□ **chronic** [kránik]	慢性の	長引く
□ **digestive** [daidʒéstiv]	消化の	消化をうながす
□ **cardiac** [ká:rdiæk]	心臓の	心臓病の
□ **morbid** [mɔ́:rbid]	病的な	不健全な 病気の
□ **prickly** [príkli]	ちくちくする	とげだらけの
□ **handicapped** [hǽndikæpt]	障害のある (身体・精神に)	
□ **potent** [póut(ə)nt]	効果のある	権威のある 説得力のある
□ **medical** [médikəl]	医療の	医学の 内科の
□ **gradual** [grǽdʒuəl]	少しずつの	だんだんの
□ **contagious** [kəntéidʒəs]	伝染病の	接触伝染する
□ **lethal** [lí:θ(ə)l]	致命的な	致死の 死をきたす
□ **moribund** [mɔ́:rəbʌnd]	死にかかった	消滅しかかった

人

父親のわからない **illegitimate** な赤ちゃん
（イリヂティミト）

エネルギーがあり余った **naughty** な子供
（ノーティ）

すくすく育った **sane** な少年
（セイン）

アイドルを追いかける **enthusiastic** な少女
（エンス(ュ)ーズィアスティク）

先のことは考えない **reckless** な坊ちゃん
（レクレス）

お金を使い果たした **penniless** な男
（ペニレス）

美男子の誘惑に **vulnerable** な女
（ヴァルネラブル）

新車を購入した **solvent** な会社員
（サルヴェント）

酒の飲めない **sober** な同僚
（ソウバァ）

完璧ではない **faulty** な先生
（フォールティ）

ダダをこねる **juvenile** な年寄り
（チューヴィナイル）

足腰の弱った **slack** な年寄り
（スラック）

身寄りのない **lone** な老人
（ロウン）

罪をきせられた **innocent** な容疑者
（イノセント）

illegitimate [ilidʒítəmit]	私生児の	違法の
naughty [nɔ́:ti]	腕白な	いたずらな みだらな
sane [sein]	精神の健全な	正気の
enthusiastic [inθ(j)ù:ziǽstik]	熱狂的な	熱心な
reckless [réklis]	向こう見ずな	無鉄砲な
penniless [pénilis]	文なしの	金のない 無一文の
vulnerable [váln(ə)rəbl]	弱い(誘惑に)	負けやすい 弱点のある
solvent [sálvənt]	支払い能力のある	溶解力のある
sober [sóubər]	しらふの	正気の 動酔いを覚ます
faulty [fɔ́:lti]	欠点のある	不完全な 欠陥のある
juvenile [dʒú:vənail]	子供っぽい(軽蔑的に)	未熟な
slack [slæk]	のろい(動きなどが)	不景気な ゆるんだ
lone [loun]	孤独な	ただ一人の
innocent [ínəsənt]	無罪の	害のない 無邪気な

職業

業務を代行する **acting**(アクティング) な業者

レギュラーをたくさんこなす **vigorous**(ヴィゴラス) なタレント

説明がわかりやすく **lucid**(ルースィド) な予備校講師

生徒を差別しない **impartial**(インパーシャル) な先生

遅刻したことのない **punctual**(パン(ク)チュアル) な駅長

国家を心から愛する **patriotic**(ペイトゥリアティク) な自衛官

長年の経験を積んだ **proficient**(プロフィシェント) な技術者

世界をリードする **advanced**(アドゥヴァンスト) な芸術家

世界に知られる **eminent**(エミネント) な作家

ガンの治療で **distinguished**(ディスティングウィシト) なドクター

研究に没頭する **zealous**(ゼラス) な科学者

眼光鋭い **shrewd**(シルード) な刑事

妥協を許さない **rigorous**(リゴラス) な裁判官

接待を断る **sensible**(センスィブル) な官僚

☐ **acting** [æktiŋ]	代理の	臨時の 名演技
☐ **vigorous** [víg(ə)rəs]	精力的な	元気はつらつとした 力強い
☐ **lucid** [lú:sid]	明快な	わかりやすい
☐ **impartial** [impá:rʃəl]	公平な	えこひいきのない 片寄らない
☐ **punctual** [pʌ́ŋ(k)tʃuəl]	時間に正確な	時間を厳守する
☐ **patriotic** [pèitriátik]	愛国心の強い	愛国の 愛国的な
☐ **proficient** [prəfíʃənt]	熟練した	堪能な
☐ **advanced** [ədvǽnst]	進歩的な	高度の 上級の
☐ **eminent** [émənənt]	著名な	有名な 地位の高い
☐ **distinguished** [distíŋgwiʃt]	名高い	著名な 高貴な
☐ **zealous** [zéləs]	熱心な	熱中した 熱狂的な
☐ **shrewd** [ʃru:d]	抜け目のない	明敏な
☐ **rigorous** [rígərəs]	厳格な	厳しい 正確な
☐ **sensible** [sénsəbl]	良識のある	分別のある

魅力的な女性

客をもてなす **courteous** なふるまい

無駄のない **handy** な手つき

微笑みの美しい **serene** な顔

学問を受けた **cultivated** な顔つき

しとやかで **refined** なお嬢様

端正な容貌で **enchanting** な女性

身のこなしが美しい **sophisticated** な女姓

あでやかで **conspicuous** な美女

脳裏から離れない **impressive** な美女

胸がときめく **fascinating** な美女

物腰が柔らかく **graceful** な奥様

夫に仕える **yielding** な妻

控えめで **modest** な妻

社長をもてなす **mellow** なクラブのママ

95

☐ **courteous** [kə́ːrtiəs]	礼儀正しい	丁重な 思いやりのある
☐ **handy** [hǽndi]	手際のよい	手元にある 器用な
☐ **serene** [sirí:n]	おだやかな	落ち着いた 澄み渡った
☐ **cultivated** [kʌ́ltəvèitid]	教養のある	耕作された 洗練された
☐ **refined** [rifáind]	上品な	洗練された 精製した
☐ **enchanting** [intʃǽntiŋ]	うっとりさせる	魅惑的な
☐ **sophisticated** [səfístəkèitid]	洗練された	非常に複雑な
☐ **conspicuous** [kənspíkjuəs]	人目を引く	人目につく 顕著な
☐ **impressive** [imprésiv]	印象的な	強い印象を与える
☐ **fascinating** [fǽsənèitiŋ]	魅惑的な	
☐ **graceful** [gréisfəl]	気品のある	優美な 優雅な
☐ **yielding** [jí:ldiŋ]	従順な	曲がりやすい 柔軟な
☐ **modest** [mάdist]	謙虚な	控えめの
☐ **mellow** [mélou]	円熟した	熟して甘い 動熟させる

お見合い

席上に出された **extravagant**(イクストゥラヴァガント) な料理

香りのよい **savory**(セイヴァリィ) な料理

空気の張りつめた **solemn**(サレム) な席上

付き添いで来た **moderate**(マデレト) な両親

箱入り娘で **naive**(ナーイーヴ) な女性

男性からの **unilateral**(ユーニラテラル) な質問

はっきりしない **obscure**(オブスキュア) な返事

緊張による **irrelevant**(イレレヴァント) な返事

受け身で進まない **passive**(パスィヴ) な会話

退屈で **tame**(テイム) な会話

突然に発する突飛で **ridiculous**(リディキュラス) な発言

男性に対する **rude**(ルード) な態度

付き添いの落ち着かない **uptight**(アプタイト) な思い

嫌気がさす **nasty**(ナスティ) なお見合い

218

□ **extravagant** [ikstrǽvəgənt]	ぜいたくな	浪費の
□ **savory** [séiv(ə)ri]	おいしそうな	味のよい 香りのよい
□ **solemn** [sáləm]	厳粛な	真面目な
□ **moderate** [mádərət]	穏健な	適度の 動 やわらげる
□ **naive** [nɑːíːv]	世間知らずな	純真な 無邪気な
□ **unilateral** [jùːnəlǽt(ə)rəl]	一方的な	一方のみの
□ **obscure** [əbskjúər]	曖昧な	無名の 明瞭でない
□ **irrelevant** [irélev(ə)nt]	的はずれな	関連のない
□ **passive** [pǽsiv]	消極的な	受け身の 活動的でない
□ **tame** [teim]	つまらない	飼い慣らされた
□ **ridiculous** [ridíkjuləs]	ばかげた	ばかばかしい
□ **rude** [ruːd]	失礼な	無作法な
□ **uptight** [ʌptáit]	気をもんだ	不安になった いらいらした
□ **nasty** [nǽsti]	不快な	嫌な 険悪な

人間関係

嘘だらけの **incredible** な話

心とは裏腹な **adverse** な発言

部下に対する **relevant** な助言

自分の考えに固執する **subjective** な意見

誰もが納得する **manifest** な答え

人をその気にさせる **verbal** な魔術

無理難題の **absurd** な要求

首を覚悟の社長への **overt** な批判

なんだか気になる **meaningful** な笑い

人を不快にさせる **offensive** な態度

二人三脚による **reciprocal** な協力

うまくやっていくための **mutual** な理解

実力においては **coordinate** な人物

お互いを尊敬しあう **intimate** な関係

incredible [inkrédəbl]	信じられない	途方もない
adverse [ædvə́ːrs]	逆の	反対の
relevant [réləvənt]	適切な	妥当な
subjective [səbdʒéktiv]	主観的な	
manifest [mǽnəfèst]	明白な(文語的)	判然とした 動明らかに示す
verbal [və́ːrbəl]	言葉の(文語的)	口頭の
absurd [əbsə́ːrd]	不合理な	ばかばかしい 理屈に合わない
overt [óuvəːrt]	あからさまの(文語的)	隠さない
meaningful [míːniŋfəl]	意味深長な	意味のある
offensive [əfénsiv]	しゃくにさわる	不快な 無礼な
reciprocal [risíprəkəl]	お互いの	相互の
mutual [mjúːtʃuəl]	相互の	お互いの 共同の
coordinate [kouɔ́ːrdənit]	同等な	同格の
intimate [íntəmit]	親しい	親密な 個人的な

やり手のビジネスマン

がむしゃらに仕事に **dedicated** なビジネスマン

熱気ムンムンの **vehement** なビジネスマン

引く手あまたの **competent** なビジネスマン

語学堪能で **gifted** なビジネスマン

歯に衣きせぬ **crisp** な発言

みんなを説得する **rational** な意見

営業における **definite** な目標

売り上げ達成の **concrete** な方法

進んで行う **voluntary** な行動

積極的に行う **spontaneous** な行動

機敏で **brisk** な動作

恐れを知らない **foolhardy** な行動

限界に挑戦する **utmost** な活躍

日本人としては **singular** な逸材

☐ **dedicated** [dédəkèitəd]	打ち込んでいる	熱心な
☐ **vehement** [víːəmənt]	情熱的な	激しい
☐ **competent** [kámpətənt]	有能な	力量のある 満足のいく
☐ **gifted** [gíftid]	才能豊かな	天賦の才能がある
☐ **crisp** [krisp]	きびきびした (話しぶりなどが)	てきぱきした カリカリする
☐ **rational** [rǽʃ(ə)nəl]	合理的な	理性の
☐ **definite** [défənit]	明確な	確実な 一定の
☐ **concrete** [kɔ́nkriːt]	具体的な	実在する
☐ **voluntary** [váləntèri]	自発的な	
☐ **spontaneous** [spɑntéiniəs]	自発的な	思わず知らずの
☐ **brisk** [brisk]	きびきびした (動作・人などが)	元気のよい
☐ **foolhardy** [fúːlhɑ̀ːrdi]	向こう見ずな	無鉄砲な 無謀な
☐ **utmost** [ʌ́tmòust]	最大の	極度の 最も遠い
☐ **singular** [síŋgjulər]	まれに見る	珍しい きわだった

嫌な上司

いつもイライラしている **sullen**(サルン) な上司

すぐに怒鳴りつける **overbearing**(オウヴァベアリング) な上司

部下の事情に **indifferent**(インディフ(ェ)レント) な上司

人の心にズカズカ入り込む **blunt**(ブラント) な上司

人に嫌な思いをさせる **unpleasant**(アンプレズント) な上司

人間的に面白味のない **trivial**(トゥリヴィアル) な上司

相談相手のいない **solitary**(サリテリィ) な上司

公費をごまかす **dishonest**(ディスアネスト) な上司

部下におごらせる **greedy**(グリーディ) な上司

朝令暮改の **changeable**(チェインヂャブル) な上司

確固とした信念のない **indecisive**(インディサイスィヴ) な上司

なんでもケチをつける **critical**(クリティカル) な上司

他人に心を閉ざす **exclusive**(イクスクルースィヴ) な上司

人を信用しない **skeptical**(スケプティカル) な上司

99

☐ **sullen** [sálən]	不機嫌な	無口で陰気な すねた
☐ **overbearing** [òuvərbéəriŋ]	いばっている	横柄な
☐ **indifferent** [indíf(ə)rənt]	無関心な	どうでもよい 公平な
☐ **blunt** [blʌnt]	無遠慮な	そっけない 鈍い
☐ **unpleasant** [ʌnpléznt]	不愉快な	嫌な
☐ **trivial** [tríviəl]	つまらない	ささいな 平凡な
☐ **solitary** [sάlətèri]	孤独な	一人ぼっちの 唯一の
☐ **dishonest** [disánist]	不正直な	
☐ **greedy** [gríːdi]	欲の深い	
☐ **changeable** [tʃéindʒəbl]	気まぐれの	変わりやすい
☐ **indecisive** [indisáisiv]	優柔不断な	決定的でない 決断力のない
☐ **critical** [krítikəl]	批判的な	批評の 危機の
☐ **exclusive** [iksklúːsiv]	排他的な	閉鎖的な 独占的な
☐ **skeptical** [sképtikəl]	懐疑的な	

社長の条件

石橋を叩いて渡る **watchful**(ワチフル) な性格

社員への惜しみない **lavish**(ラヴィシ) なふるまい

仕事に対する **earnest**(ア〜ネスト) な取り組み

不正に対して **stern**(スターン) な態度

業績に対する **strict**(ストゥリクト) な態度

意味明瞭な **articulate**(アーティキュレト) な発言

ダラダラしない **brief**(ブリーフ) な発言

人前での堂々とした **eloquent**(エロクウェント) な発言

矛盾のない **coherent**(コウヒ(ア)レント) な意見

威厳があり **irresistible**(イリズィスティブル) な迫力

部下への **suitable**(ス(ュ)ータブル) なアドバイス

十分な調査による **discreet**(ディスクリート) な判断

タイミングを逃さない **swift**(スウィフト) な判断

鋭い判断による **prompt**(プラン(プ)ト) な決定

100

☐ **watchful** [wátʃfəl]	用心深い	警戒している 油断のない
☐ **lavish** [lǽviʃ]	気前のよい	物惜しみしない 動 惜しまず与える
☐ **earnest** [ə́ːrnist]	真剣な	真面目な 熱心な
☐ **stern** [stəːrn]	厳格な	厳しい
☐ **strict** [strikt]	厳しい	厳格な 厳密な
☐ **articulate** [ɑːrtíkjulit]	はっきりした (発音・言語が)	
☐ **brief** [briːf]	簡潔な	短時間の
☐ **eloquent** [éləkwənt]	雄弁な	
☐ **coherent** [kouhí(ə)rənt]	理路整然とした	筋の通っている
☐ **irresistible** [ìrizístəbl]	抵抗できない	抑えられない 打ち勝てない
☐ **suitable** [s(j)úːtəbl]	適切な	適当な 似合う
☐ **discreet** [diskríːt]	慎重な	用心深い 控えめな
☐ **swift** [swift]	迅速な	速い
☐ **prompt** [prɑm(p)t]	即座の	すばやい

227

仕事

命を賭けるのに **worthy**(ワーズィ) な仕事

適性検査による **optimum**(アプティマム) な仕事

適性に合った自分に **eligible**(エリヂブル) な仕事

IT関連における **promising**(プラミスィング) な仕事

映画製作における **manifold**(マニフォウルド) な仕事

各自が分担する **respective**(リスペクティヴ) な仕事

部署がころころ変わる **fluid**(フルーイド) な仕事

24時間体制の **perpetual**(パペチュアル) な仕事

トップしか知らない **confidential**(カンフィデンシャル) な仕事

手間暇のかかる **onerous**(アネラス) な仕事

暗号解読による **intricate**(イントゥリケト) な仕事

社長が行う **leading**(リーディング) な仕事

国政を左右する **significant**(スィグニフィカント) な仕事

ある人にしかできない **ad hoc**(アドゥ ハック) な仕事

101

☐ **worthy** [wə́:rði]	価値のある	値する
☐ **optimum** [áptəməm]	最適な	
☐ **eligible** [élidʒəbl]	適任の	資格のある 選ばれるにふさわしい
☐ **promising** [prámisiŋ]	前途有望な	見込みのある
☐ **manifold** [mǽnəfòuld]	多種の(文語的)	種々の 多方面の
☐ **respective** [rispéktiv]	それぞれの	めいめいの
☐ **fluid** [flú:id]	流動的な	流動する 変わりやすい
☐ **perpetual** [pərpétʃuəl]	絶え間のない	永久の 永続する
☐ **confidential** [kànfədénʃəl]	機密の	内密の 信用のおける
☐ **onerous** [ánərəs]	面倒な	厄介な 重荷になる
☐ **intricate** [íntrəkit]	複雑で難解な	こみいった
☐ **leading** [lí:diŋ]	主要な	
☐ **significant** [signífəkənt]	重要な	意義深い 意味ありげな
☐ **ad hoc** [æd hák]	特別の	とくにこのための

会社

他社との違いが **comparable**(カンパラブル) な製品

マーケットを限定した **tentative**(テンタティヴ) な販売

他社には真似のできない **sole**(ソウル) な技術力

業界一を目指した **competitive**(コンペティティヴ) な販売活動

他社を引き離す **predominant**(プリダミナント) な販売力

他社の追随を許さない **overwhelming**(オウヴァ(フ)ウェルミング) な販売力

世界中に展開する **widespread**(ワイドゥスプレド) な販売網

会社を脅かす **formidable**(フォーミダブル) なライバル

企業買収における **firsthand**(ファーストゥハンド) な交渉

両社にとって **desirable**(ディザイ(ア)ラブル) な合併

業績を左右する **crucial**(クルーシャル) な企業戦略

急成長で業績が **striking**(ストゥライキング) な会社

発展著しい **blue-chip**(ブルーチップ) な会社

知名度ナンバーワンの **worldwide**(ワ～ルドゥワイド) な会社

102

☐ **comparable** [kámp(ə)rəbl]	比較できる	類似点がある 匹敵する
☐ **tentative** [téntətiv]	試験的な	試みの 仮の
☐ **sole** [soul]	唯一の	
☐ **competitive** [kəmpétətiv]	競争の	競争力のある
☐ **predominant** [pridámənənt]	卓越した	優勢な 有力な
☐ **overwhelming** [òuvər(h)wélmiŋ]	圧倒的な	
☐ **widespread** [wàidspréd]	広範囲にわたる	普及した 広く行き渡った
☐ **formidable** [fɔ́:rmidəbl]	手ごわい	恐ろしい
☐ **firsthand** [fə́:rsthǽnd]	直接の	じかに得た
☐ **desirable** [dizái(ə)rəbl]	望ましい	好ましい
☐ **crucial** [krú:ʃəl]	重大な	決定的な
☐ **striking** [stráikiŋ]	著しい	きわだった 目立つ
☐ **blue-chip** [blú:tʃíp]	優良な	優良株の 優れた
☐ **worldwide** [wə́:rldwáid]	世界的な	世界中に広がった

ビジネス

自由に行える **vocational**(ヴォウケイショナル) な選択

総務や経理などの **clerical**(クレリカル) な仕事

社長を補佐する **secretarial**(セクレテ(ア)リアル) な仕事

税金申告における **deductible**(ディダクティブル) な営業経費

法によって認められた **legitimate**(リヂティメト) な取引

早急に解決すべき **pending**(ペンディング) な経営課題

契約違反による **invalid**(インヴァリド) な取り決め

オーナーが変わっても **valid**(ヴァリド) な会社契約

企業責任による **excessive**(イクセスィヴ) な損害賠償

外国からは **elusive**(イルースィヴ) な日本の商慣習

他社を引き離す **outstanding**(アウトゥスタンディング) な業績

債務超過による **insolvent**(インサルヴ(ェ)ント) な企業

業績悪化で **bankrupt**(バンクラプト) な企業

世界に進出する **multinational**(マルティナショナル) な企業

103

vocational [voukéiʃ(ə)nəl]	職業の	
clerical [klérikəl]	事務の	聖職の 書記の
secretarial [sèkrətéə)riəl]	秘書の	書記の
deductible [didʌ́ktəbl]	控除できる	差し引ける
legitimate [lidʒítəmit]	合法の	合理的な 適法の
pending [péndiŋ]	未決定の	
invalid [invǽlid]	無効の	根拠の薄弱な
valid [vǽlid]	有効な	妥当な 正当な根拠のある
excessive [iksésiv]	法外な	度を越した 過度の
elusive [ilú:siv]	理解しにくい	記憶しにくい 表現しにくい
outstanding [àutstǽndiŋ]	ずば抜けた	
insolvent [insɑ́lv(ə)nt]	借財返済不能の (文語的)	破産した
bankrupt [bǽŋkrʌpt]	破産した	動破産させる 名破産者
multinational [mʌ̀ltənǽʃ(ə)nəl]	多国籍の	名多国籍企業

経済

二国間貿易に関する **comprehensive**(カンプリヘンスィヴ) な協議

アメリカからの受け入れがたい **unjust**(アンチャスト) な要求

アメリカの譲歩による **acceptable**(アクセプタブル) な要求

協議による **fundamental**(ファンダメントゥル) な合意

市場低迷による **depressed**(ディプレスト) な状態

不況による **monetary**(マネテリィ) な下落

税収激減による **financial**(フィナンシャル) な危機

全員挙手による **unanimous**(ユ(ー)ナニマス) な決議

首相による **ultimate**(アルティメト) な決断

やむなく断行する **drastic**(ドゥラスティク) な措置

預金者保護のための **provisional**(プロヴィジョナル) な措置

金融機関に対する **deliberate**(ディリベレト) な政策

金融機関に投入される **futile**(フュートゥル) な公的資金

政策失敗による **inevitable**(インエヴィタブル) な結果

☐ **comprehensive** [kàmprihénsiv]	包括的な	範囲の広い
☐ **unjust** [ʌndʒʌ́st]	不当な	不公平な 不正な
☐ **acceptable** [əkséptəbl]	受け入れられる	容認できる 好ましい
☐ **fundamental** [fʌ̀ndəméntl]	基本的な	根本的な
☐ **depressed** [diprést]	不景気の	不況の 落胆した
☐ **monetary** [mánətèri]	通貨の	貨幣の
☐ **financial** [finǽnʃəl]	財政上の	財界の
☐ **unanimous** [ju(:)nǽnəməs]	満場一致の	全員異議のない
☐ **ultimate** [ʌ́ltəmət]	最終の	究極の 根本の
☐ **drastic** [drǽstik]	思いきった	徹底的な
☐ **provisional** [prəvíʒ(ə)nəl]	暫定的な	一時の 仮の
☐ **deliberate** [dilíb(ə)rit]	慎重な	故意の 計画的な
☐ **futile** [fjú:tl]	無駄な	くだらない 軽薄な
☐ **inevitable** [inévətəbl]	避けられない	お決まりの 必ず起こる

ある街

発展著しい国として **renowned**(リナウンド) な街

麻薬の販売でも **notorious**(ノウトーリアス) な街

地上50階建ての **lofty**(ロ(ー)フティ) なビル

海岸に建ち並ぶ **select**(セレクト) なホテル

おごそかで **holy**(ホウリィ) な寺院

丘の上に建つ **immense**(イメンス) な石碑

通りで売られる **commemorative**(コメモラティヴ) なお土産

観光客向けの **tax-exempt**(タクス イグゼン(プ)ト) な店

観光地から **detached**(ディタッチト) な町

バラックに住む **needy**(ニーディ) な市民

食べ物も十分にない **destitute**(デスティテュート) な生活

骨と皮の **meager**(ミーガァ) な子供たち

することのない **monotonous**(モナトゥナス) な日々

寝てばかりの **tedious**(ティーディアス) な日々

☐ **renowned** [rináund]	有名な	名高い
☐ **notorious** [noutɔ́:riəs]	有名な(悪いことで)	悪名高い
☐ **lofty** [lɔ́(:)fti]	そびえ立つ(文語的)	非常に高い
☐ **select** [səlékt]	高級な	精選した 極上の
☐ **holy** [hóuli]	神聖な	信心深い
☐ **immense** [iméns]	巨大な	多大の
☐ **commemorative** [kəmémərətiv]	記念の	祝う
☐ **tax-exempt** [tæksigzém(p)t]	免税の	
☐ **detached** [ditǽtʃt]	離れた	分離した 孤立した
☐ **needy** [ní:di]	貧乏な	
☐ **destitute** [déstət(j)ù:t]	貧困な(文語的)	窮乏している
☐ **meager** [mí:gər]	やせた	貧弱な とぼしい
☐ **monotonous** [mənát(ə)nəs]	単調な	変化のない 退屈な
☐ **tedious** [tí:diəs]	退屈な	あきあきする

犯罪

善人を装う **hypocritical**(ヒポクリティカル) な人格

血も凍るような **grim**(グリム) な性格

不当な扱いを受けて **indignant**(インディグナント) な男

怒りを抑えられず **furious**(フュ(ア)リアス) な男

嫉妬に狂った **frantic**(フランティク) な女

逆恨みによる **vicious**(ヴィシャス) ないたずら

止めることのできない **customary**(カスタメリィ) な窃盗

何かにおびえる **uneasy**(アンイーズィ) な日々

恨みによる **hostile**(ハストゥル) な犯罪

死に至る **deadly**(デドゥリィ) な傷害

目を覆うばかりの **brutal**(ブルートゥル) な殺人

死体が横たわる **wretched**(レチド) な現場

正視するには **intolerable**(インタレラブル) な惨状

証拠を残さない **exquisite**(エクスクウィズィト) な犯行

hypocritical [hìpəkrítikəl]	偽善の	
grim [grim]	冷酷な	ぞっとするような 断固たる
indignant [indígnənt]	憤慨した	立腹した
furious [fjú(ə)riəs]	激怒した	すさまじい 激しい
frantic [fræntik]	半狂乱な	気が変にならんばかりの
vicious [víʃəs]	悪意のある	意地の悪い ひどい
customary [kʌ́stəmèri]	習慣的な	通例の
uneasy [ʌníːzi]	不安な	心配な
hostile [hástl]	敵意に満ちた	敵の 反対の
deadly [dédli]	致命的な	命にかかわる
brutal [brúːtl]	残忍な	冷酷な
wretched [rétʃid]	悲惨な	不幸な みじめな
intolerable [intál(ə)rəbl]	耐えられない	我慢できない
exquisite [ékskwizit]	じつに見事な	絶妙な 洗練された

捜査

犯人逮捕の **thorough**(サ~ロウ) な捜査

人材を投入しての **random**(ランダム) な捜査

市民から寄せられた **affluent**(アフルアント) な情報

手がかりにはならない **trifling**(トゥライフリング) な情報

捜査の邪魔になる **negligible**(ネグリヂブル) な情報

犯人逮捕につながる **prospective**(プロスペクティヴ) な情報

警察に送られた **anonymous**(アナニマス) な手紙

予期しなかった **startling**(スタートゥリング) な事実

犯人のものと **corresponding**(コ(ー)レスパンディング) な指紋

見込みとは違う **unexpected**(アニクスペクティド) な犯人

のらりくらりとした **vague**(ヴェイグ) な供述

嘘で固めた **evasive**(イヴェイスィヴ) な供述

裁判長による **judicial**(デュ(ー)ディシャル) な判決

極刑に **punishable**(パニシャブル) な犯人

☐ **thorough** [θə́:rou]	徹底的な	まったくの
☐ **random** [rǽndəm]	手当たりしだいの	
☐ **affluent** [ǽfluənt]	豊富な	裕福な
☐ **trifling** [tráifliŋ]	くだらない	取るに足りない
☐ **negligible** [néglədʒəbl]	無視してよい	取るに足りない
☐ **prospective** [prəspéktiv]	見込みのある	予想される 将来の
☐ **anonymous** [ənániməs]	匿名の	
☐ **startling** [stá:rtliŋ]	驚くべき	ぎょっとさせるような びっくりさせる
☐ **corresponding** [kɔ̀(:)rəspándiŋ]	符合する	対応する
☐ **unexpected** [ʌ̀nikspéktid]	意外な	思いがけない 予期しない
☐ **vague** [veig]	曖昧な	はっきりしない 漠然とした
☐ **evasive** [ivéisiv]	言い逃れの	責任逃れの ごまかしの
☐ **judicial** [dʒu(:)díʃəl]	裁判の	司法の 裁判官の
☐ **punishable** [pʌ́niʃəbl]	罰すべき	罰しうる

政治

大統領に立候補する **dominant**(ダミナント) な候補者

大統領による **inaugural**(イノーギュラル) な挨拶

アメリカに代表される **democratic**(デモクラティク) な政治

民主党における **innovative**(イノウヴェイティヴ) な政党

GNP世界一の **prosperous**(プラスペラス) な国家

FBIによる **federal**(フェデラル) な犯罪捜査

アメリカ海軍の **strategic**(ストゥラティーヂク) な拠点

日本とアメリカとの **bilateral**(バイラテラル) な協議

外圧に対する **utter**(アタァ) な拒否

行き詰まりによる政策の **radical**(ラディカル) な改革

政府命令による **compulsory**(コンパルソリィ) な撤去

どちらにも荷担しない **neutral**(ニュートゥラル) な立場

軍事費を増やす **militant**(ミリタント) な国家

独裁者の市民への **oppressive**(オプレスィヴ) な統治

dominant [dámənənt]	最も有力な	支配的な 重要な
inaugural [inɔ́:g(j)urəl]	就任の	開会の 落成の
democratic [dèməkrǽtik]	民主主義の	民主的な
innovative [ínouvéitiv]	革新的な	
prosperous [práp(ə)rəs]	繁栄している	さかんな 景気のよい
federal [féd(ə)rəl]	連邦の	
strategic [strətí:dʒik]	戦略上重要な	戦略の 策略の
bilateral [bailǽt(ə)rəl]	二国間の	左右の 両側の
utter [ʌ́tər]	断固とした	まったくの 過激な
radical [rǽdikəl]	根本的な	基本的な 過激な
compulsory [kəmpʌ́lsəri]	強制的な	義務的な
neutral [n(j)ú:trəl]	中立の	特色のない 图中立国
militant [mílət(ə)nt]	戦闘的な	好戦的な 闘争的な
oppressive [əprésiv]	圧制的な	過酷な 暴虐な

ヤバいくらい覚えられる
上級 必修英単語1500

著　者	リック西尾
発行者	真船美保子
発行所	KK ロングセラーズ
	東京都新宿区高田馬場 2-1-2　〒169-0075
	電話（03）3204-5161（代）　振替 00120-7-145737
	http://www.kklong.co.jp
印　刷	中央精版印刷(株)　　製　本　(株)難波製本

落丁・乱丁はお取り替えいたします。
※定価と発行日はカバーに表示してあります。
ISBN978-4-8454-5061-9　C0282　　Printed In Japan 2018